72,–

Almut Lösche
Alternative Krebstherapie

Almut Lösche

Alternative Krebstherapie

Au-Backe Verlag Völkner + Weidemann

Impressum:
1. Auflage 1988

Satz: Ortrud Lotz
Umschlag: irma Grafik-Design
Druck: Fuldaer Verlagsanstalt
Au-Backe Verlag Völkner + Weidemann
Rappstraße 6, 6000 Frankfurt 1
ISBN 3-923618-04-2

Inhaltsverzeichnis

Vorwort

Aufgrund der Stagnation der Schulmedizin in Sachen Krebs rücken alternative, biologische Formen der Krebstherapie immer mehr in den Blickpunkt. Trotzdem zeigt es sich, daß der Bekanntheitsgrad dieser vielversprechenden Behandlungsmethoden noch viel zu gering ist.
Dieses Buch soll Betroffenen und interessierten Laien einen Überblick darüber geben, welche Therapien es gibt und wie ihre Wirksamkeit einzuschätzen ist.
Konkrete Hilfe z. B. zur Selbsttherapie kann es nicht geben. Jedoch sind zahlreiche Adressen von Kliniken und Organisationen genannt, die Betroffenen weiterhelfen können.

Einleitung

Trotz großer Bemühungen auf dem Gebiet der Krebsforschung ist es der Schulmedizin nicht gelungen, einen entscheidenden Durchbruch bei der Behandlung dieser Krankheit zu erzielen. In den letzten 25 Jahren, so die Statistik des National Cancer Institute, ist die Heilungsrate lediglich um 2 % gestiegen, von 33 % auf 35 %, wobei zu bedenken ist, daß damit auch nur eine Überlebenszeit von 5 Jahren gemeint ist.

Zu den relativ schlechten Heilungsaussichten kommt noch hinzu, daß die aggressiven Therapien der Schulmedizin, Strahlentherapie und besonders Chemotherapie, schwere Nebenwirkungen mit sich bringen, die Krebskranken manchmal mehr zu schaffen machen als der Krebs selbst. Zitat eines Krebskranken kurz vor seinem Tod: „Es ist durchaus möglich, daß ich nicht an dem Krebs, sondern an der Behandlung (Chemotherapie) zugrunde gehe."

Diese unbefriedigende Situation führt dazu, daß immer mehr Krebskranke sich alternativen ganzheitlichen Behandlungsmethoden zuwenden, die abgesehen von geringeren Nebenwirkungen auch beachtliche therapeutische Erfolge zu bieten haben. Allerdings finden die meisten Krebskranken ihren Weg erst dann in naturheilkundliche Praxen und Kliniken, wenn sie schulmedizinisch austherapiert sind oder die Nebenwirkungen der Chemotherapie nicht mehr hinnehmen wollen. Nur sehr, sehr wenige entscheiden sich von Anfang an für eine biologische Krebstherapie.

Das liegt daran, daß die meisten nicht über diese Therapien informiert sind und auch von den wenigsten Ärzten auf diese Möglichkeit hingewiesen werden, weil die naturheilkundliche Krebstherapie nicht der herrschenden Lehrmeinung entspricht. Während orthodoxe Mediziner die biologische Krebstherapie scharf angreifen und ihr trotz sichtbarer Erfolge Unwissenschaftlichkeit vorwerfen, stehen progressive Schulmediziner ihr aufgeschlossener gegenüber und nehmen immer mehr Anregungen aus diesem Bereich auf.

Konflikt zwischen Schul- und Ganzheitsmedizin

Dem Konflikt zwischen Schulmedizin und Naturheilkunde liegen dabei völlig verschiedene „Weltanschauungen", Konzepte darüber, was Krebs eigentlich ist und folglich auch wie er zu behandeln sei, zugrunde.
In der Schulmedizin wird der Krebs, ausgehend von der Zellularpathologie Virchows, als ein lokales Geschehen, eine krankhafte Veränderung der Zelle angesehen, die in einem sonst völlig gesunden Organismus durch äußere, carcinogene Einflüsse entsteht. Folglich richten sich **die drei Methoden der Schulmedizin**: Operation, Bestrahlung und Chemotherapie darauf, den Tumor weitmöglichst zu zerstören, auch wenn dafür eine erhebliche Schwächung/Schädigung des Abwehrsystems und des gesamten Menschen in Kauf genommen werden muß.
Vor wenigen Jahren noch wurde die Bedeutung des Abwehrsystems bei der Krebserkrankung abgestritten. Inzwischen ist die wichtige Rolle des Abwehrsystems auch offiziell anerkannt. Forschungen in Richtung Immuntherapie sind zwar angelaufen, das therapeutische Konzept ist jedoch noch nicht an diese neue Erkenntnis angepaßt worden.
In der Naturheilkunde wird Krebs dagegen als eine **Systemerkrankung des gesamten Organismus** gesehen, die durch viele verschiedene, sich ergänzende Faktoren verursacht werden kann. Dazu gehören neben einer Gefährdung durch äußere Einflüsse vor allem eine durch ungesunde Ernährung verursachte Stoffwechselstörung, chronische Abwehrschwäche, eine mangelnde Sauerstoffversorgung des Organismus, sowie psychische Einflüsse. Nicht so sehr der Tumor selbst,

sondern das sogenannte Tumormilieu, der aus dem Gleichgewicht geratene Organismus, in dem erst Krebs entstehen kann, sind Ansatzpunkte für die Therapie.

Problematik der Wissenschaftlichkeit

Einer der Hauptgründe für die Ablehnung biologischer Therapieformen ist der häufig geäußerte Vorwurf, diese Methoden seien wissenschaftlich nicht abgesichert. Dies trifft zum Teil sicherlich zu. Zu vielen biologischen Methoden z. B. Misteltherapie gibt es jedoch zahlreiche Untersuchungen, die ihre Wirksamkeit belegen. Andere Therapieformen haben sich in der täglichen Praxis zwar als wirkungsvoll erwiesen, aber Erfahrenswerte und individuelle Fallbeispiele entsprechen nicht dem Dogma der Wissenschaftlichkeit. Gefragt sind kontrollierte Untersuchungen, Doppelblindstudien mit Kontrollgruppen und exakten statistischen Auswertungen. Ich versuche im folgenden Gründe aufzuzeigen, die eine Überprüfbarkeit ganzheitsmedizinischer Therapie erschweren.

Zum einen werden biologische Therapien oft von Praktikern durchgeführt, die sich eher als Helfer denn als Wissenschaftler verstehen und denen neben ihrer Arbeit kaum Zeit zur Durchführung wissenschaftlicher Studien bleibt. Zum anderen fehlen oft auch die finanziellen Mittel, da Vertreter alternativer Heilweisen von der großzügigen Förderung ausgeschlossen sind, die der Schulmedizin zuteil wird. Dem könnte und sollte abgeholfen werden durch eine gerechtere Verteilung der für die Krebsforschung zur Verfügung stehenden Mittel, bzw. dadurch, daß die großen Universitätskliniken unvoreingenommen Studien zur Wirksamkeit biologischer Krebstherapien vornehmen, wie dies teilweise auch schon geschieht. Daneben gibt es jedoch auch inhaltliche, im Wesen der Ganzheitsmedizin selbst verankerte Gesichtspunkte, die

den Nachweis der Wissenschaftlichkeit schwer machen können.
Da die biologische Medizin den Krebs als Erkrankung des Gesamtorganismus ansieht, muß für jeden Patienten ein individuelles Therapiekonzept zusammengestellt werden, das auf seinen Gesamtzustand zugeschnitten ist. Nach diesem Verständnis sind weder zwei Krebserkrankungen noch die zu ihrer Heilung angewandten Therapien absolut vergleichbar. Aber gerade dies wäre die Voraussetzung einer wissenschaftlichen Studie.
Das Untersuchungsverfahren basiert auf der Voraussetzung, daß nur eine, nämlich die zu untersuchende Methode angewandt wird. Werden mehrere Mittel eingesetzt, kann die Wirksamkeit des einzelnen Mittels nicht gesichert werden. Aber die Ganzheitsmedizin lehnt gerade den einseitigen, monokausalen Ansatz ab, sondern versucht die Krebserkrankung auf möglichst vielen Ebenen anzugehen.
Zum anderen kommen bei diesen Untersuchungen ethische Gesichtspunkte mit ins Spiel, denn es wird gefordert, daß neben der behandelten Gruppe eine vergleichbare Kontrollgruppe nicht oder nur mit Placebos[1] behandelt wird. Wenn der Therapeut nun aufgrund seiner gemachten Erfahrungen von der Wirksamkeit seiner Therapie überzeugt ist, kann er es nicht verantworten, einigen Patienten die Therapie vorzuenthalten und sie wie Versuchskaninchen zu behandeln. Dies widerspräche seiner Pflicht dem Patienten nach bestem Wissen zu helfen.
Eine weitere Methode, die oft zur wissenschaftlichen Prüfung von Therapieformen und Medikamenten herangezogen wird, ist die Durchführung von Tierversuchen. Dazu läßt sich, abgesehen von ethischen Einwänden, kritisch anmerken, daß die so gewonnenen Ergebnisse sich nicht ohne weiteres auf Menschen übertragen lassen. Dies gilt in besonderem

Maße für die Krebstherapie, da die Tumoren in den meisten Fällen den Tieren angespritzt werden und ein dermaßen künstlich erzeugter Krebs ist therapeutisch wesentlich leichter zu beeinflussen als ein von selbst entstandener, da die Krebsbereitschaft des Organismus fehlt. Es wäre zu überlegen, ob nicht andere Prüfungsverfahren gesucht werden müssen, deren Kriterien dem komplexen Behandlungskonzept biologischer Therapie besser entsprechen.

Biologische Diagnostik

In der biologischen Medizin gibt es eine ganze Reihe diagnostischer Untersuchungen, mit denen eine Krebsfrüherkennung und eine Verlaufskontrolle möglich ist. Hierzu gehören: Blut- und Harnuntersuchungen, Immuntests, Thermographie und Elektroakupunktur.

Am krebsspezifischsten ist die Untersuchung der sogenannten Tumormarker, Antigenen[2] an der Oberfläche der Krebszellen, die auch in den Blutkreislauf abgestoßen werden können. Die bekanntesten Tumormarker sind CEA (Carcino-Embryonic-Antigen), TPA (Tissue Polypeptide Antigen) und AFP (Alpha-1-Fetoprotein). Ein erhöhtes Auftreten dieser Antigene läßt auf eine Krebserkrankung schließen. Tumormarker eignen sich gut zur Verlaufskontrolle, ein Ansteigen der Werte ein Fortschreiten der Krankheit signalisiert, bzw. bei einem Ansprechen auf die Therapie die Werte fallen.

Die Anwendung von einfachen Blut- und Harntests zur Diagnose von Krebs beruht darauf, daß das biochemische Gleichgewicht bei Krebs gestört ist und dadurch bei bestimmten Werten spezifische, signifikante Abweichungen von der Norm auftreten. So kommt es z. B. zu einer Mineralisierung des Blutes dadurch, daß Calcium, Kalium und Magnesium aus den Krebszellen auswandern.

Bei Harnuntersuchungen zeigen Krebskranke u. a. eine erhöhte Ausscheidung von Hydroxylamin und von Polypeptiden. Da ein Anstieg dieser Werte im einzelnen Fall auch andere Ursachen haben kann, sollten immer mehrere Werte in die Diagnose einbezogen werden. Bei verschiedenen Harntests (z. B. dem Carcinochrom-Test) wird jedoch immerhin von einer Treffsicherheit von über 90 % gesprochen.

Immuntests lassen auf die Stärke oder Schwäche des Abwehrsystems schließen, ein Wert, der häufig, aber nicht immer, mit Krebs in Zusammenhang steht. Beim sogenannten Rosettentest werden Lymphozyten der Testperson mit roten Blutkörperchen von Schafen zusammengebracht. Je mehr Lymphozyten sich um das fremde Blutkörperchen anordnen, um es anzugreifen, umso höher ist die Abwehrkraft einzuschätzen.

Eine weitere interessante diagnostische Methode ist der Kaelin-Test, ein Steigbild-Verfahren, wie es von der anthroposophischen Medizin angewendet wird.

Diese Tests eignen sich zur Früherkennung und Prophylaxe[3], da sie ein Krebsterrain feststellen können, bevor der Tumor groß genug ist, um direkt diagnostiziert zu werden. Sie stellen außerdem auch ein gutes Instrument zur postoperativen Untersuchung und zur Therapiekontrolle dar. Zudem sind sie für den Patienten weniger belastend als die hochtechnische Diagnostik der Schulmedizin. Ein Nachteil ist jedoch, daß die Lokalisation des Tumors so nicht meßbar ist. Allerdings spielt dies in der naturheilkundlichen Krebstherapie auch nicht so eine große Rolle wie in der Schulmedizin. Eine weitere Methode, die zur Krebsdiagnose eingesetzt werden kann, ist die Thermoregulationsdiagnostik. Bei dieser Methode wird die Wärmeregulation des Organismus durch Wärmemessung auf den Reflexzonen der Haut gemessen. Das Krebsterrain macht sich schon Jahre vor Manifestation eines Tumors durch eine „chaotische" Wärmeregulation bemerkbar.

Auch die Lokalisation des Tumors kann durch diese Messung festgestellt werden, er zeigt sich als heißer Fleck. Das Auftreten eines heißen Fleckes ist jedoch nur im Zusammenhang mit einer gestörten Regulation des gesamten Körpers ein Indiz für einen Tumor. Bei Frauen mit fibrozystischen Brust-

erkrankungen ließ sich feststellen, daß 40 % der Frauen mit auffälligem Thermogramm Brustkrebs bekamen gegenüber nur 3 % der Frauen mit normalen Meßwerten.
Auf einem ähnlichen Prinzip beruht die Anwendung der Akupunktur bzw. der Elektroakupunktur im Bereich der Krebsdiagnostik. Gemessen wird jedoch die Regulation des Energieeinflusses der Yin und Yang Meridiane.

Alternative Krebstherapien

„Naturheilverfahren sind diejenigen Methoden, die sich an die Heil- und Ordnungskräfte des Körpers selbst wenden, um sie zu aktivieren, dabei in der Natur vorkommende Mittel oder Erscheinungen verwenden, gleichzeitig jede Schädigung des Organismus möglichst vermeiden und den Menschen diagnostisch und therapeutisch in seiner somatischen und somato-psychischen Ganzheit erfassen." (Caspers, 1982)

Ernährungstherapie

Die Bedeutung einer Ernährungsumstellung für die Krebsbehandlung ist in den letzten Jahren immer mehr in den Mittelpunkt gerückt. Doch gibt es immer noch Ärzte, die um Rat fragende Krebspatienten mit einem lapidaren: „Essen Sie, was Ihnen schmeckt." abspeisen, und meistens entspricht die Krankenhauskost nicht einer **gesunden Vollwertkost**, die für Krebskranke so wichtig wäre.
Eine Umstellung der Ernährung ist als Grundlage jeder biologischen Behandlung notwendig, da kein anderer Faktor so tief in den Stoffwechsel eingreift wie die tägliche Nahrung. Eine Ernährungsumstellung allein vermag jedoch noch nicht den Krebs zu heilen, auch wenn es in Einzelfällen durchaus möglich ist.
Epidemiologische Untersuchungen weisen darauf hin, daß viele Krebsarten ernährungsbedingt sind. Besonders das Vorkommen von Darm- und Brustkrebs hängt mit einer zu fetthaltigen und ballaststoffarmen Ernährungsweise zusammen. So kommen diese in westlichen Ländern sehr verbreiteten Krebsarten in Japan und anderen Ländern mit vorwie-

gend fettarmer Ernährung selten vor. Es gibt Schätzungen, wonach durch eine prophylaktische Ernährungsumstellung das Vorkommen von Pankreas-, Brust- und Gebärmutterkrebs um 50 % gesenkt werden könnte, das von Magen- und Darmkrebs sogar um 90 %.
Unter den Vertretern einer Ernährungstherapie des Krebses gibt es verschiedene Richtungen mit teilweise gegensätzlichen und für den Betroffenen verwirrenden Richtlinien. Dennoch kristallisieren sich Gemeinsamkeiten heraus, die darauf hinauslaufen, daß sich eine **laktovegetabile**[4], **ballaststoffreiche** und **fettarme** Kost am günstigsten auf den Organismus des Krebskranken auswirkt. Die Ernährung sollte selbstverständlich auch **vitamin-** und **mineralstoffreich** sein. Diese Substanzen werden jedoch aufgrund ihrer besonderen Bedeutung für die Therapie in getrennten Kapiteln behandelt. Sinn und Zweck der Ernährungstherapie besteht darin, den Stoffwechsel zu verbessern, Nahrungsgifte auf ein Minimum zu reduzieren und die Entgiftungsfunktionen zu fördern. Das **Darmmilieu**, das bei vielen Krebskranken eine erhebliche Dysbakterie aufweist, soll möglichst wenig durch Gärungs- und Fäulnistoxine belastet werden. Durch eine sogenannte Symbioselenkung, d. h. vollwertige Ernährung und Gabe von Bakterien, kann diese Störung der Bakterienflora des Darms behoben werden. Gefördert wird sie hingegen durch eine zu eiweißhaltige Kost, da es beim Abbau von **Eiweiß** zu Fäulnisprozessen kommt. Die dabei entstehenden Toxine müssen von der Leber entgiftet werden, deren Entgiftungsfunktion bei Krebskranken schon durch die im Tumor anfallsenden Zerfallsgifte überstrapaziert ist. Übrigens ist die Vergiftung des Körpers durch diese, im Tumorinneren zerfallenden Einweißmassen die Haupttodesursache bei Krebs. Weitere Aufgaben einer optimalen Ernährung sind es, das Abwehrsystem zu stärken und die Sauerstoffnutzung der

Zellen zu verbessern. Dies ist besonders wichtig, da eine mangelnde Zellatmung zur Verkrebsung der Zelle beiträgt.
Die im folgenden dargestellten Ernährungsrichtlinien basieren hauptsächlich auf der Ernährungstherapie nach Werner Zabel. Da bei Krebskranken unter anderem auch der Eiweißstoffwechsel gestört ist – es wird sogar von einer primären Entgleisung des Eiweißstoffwechsels gesprochen –, soll tierisches Eiweiß durch gesäuertes Milcheiweiß ersetzt werden. Am besten eignet sich **Quark**, der vollwertiges, vorverdautes Eiweiß liefert. Die im Quark enthaltene Milchsäure unterdrückt die Eiweißfäulnis im Darm. Außerdem wird der pH-Wert im Magen günstig beeinflußt, denn bei den meisten Krebskranken ist die Produktion von Magensäure stark reduziert. Allerdings sollte Quark mit Buttermilch oder Molke gegeben werden, da diese Milchprodukte Orotsäure enthalten, die dem Quark durch den Herstellungsprozeß entzogen worden sind.
Tierische Fette sind aufgrund ihres hohen Cholesteringehalts unter keinen Umständen zugelassen, sie werden von den Kranken auch meistens schlecht vertragen. Es ist nachgewiesen worden, daß die Prognose des Tumors umso schlechter ist, desto mehr Cholesterin er enthält. Entscheidend ist jedoch nicht der absolute Cholesteringehalt, sondern sein Verhältnis zu ungesättigten Fettsäuren. Das bedeutet, daß eine gewisse Menge an **Pflanzenölen**, kaltgeschlagen und nicht durch Kochen erhitzt, für die Ernährung notwendig ist. Auch Eigelb kann verwendet werden, da es neben Cholesterin auch wichtiges Cholin enthält. Kohlehydrate sollten nur in ballaststoffreicher Form gegessen werden, auf keinen Fall als „leere Kalorien", also Weißmehl oder polierter Reis.
Die Ernährung mit **Zucker**, besonders das stoßförmige Auftreten in leicht resorbierbarer Form (Süßigkeiten, Limonade u. a.) fördert den Gärungsstoffwechsel der Krebszelle. Indu-

striezucker und besonders der leicht resorbierbare Traubenzucker müssen deshalb ganz vermieden werden. Auch Honig ist nicht unbedingt zu empfehlen. In Unkenntnis dieser Zusammenhänge werden Krebskranken oft Traubenzuckerspritzen zur Kräftigung gegeben, die dann meistens auch zu einer Verschlechterung des Krankheitszustandes führen. Erlaubt sind dagegen Frucht- und Milchzucker. **Milchzucker** hat eine günstige Wirkung auf die Darmflora, da er dazu beiträgt, proteolytischen[5] Keimen schlechte Wachstumsverhältnisse zu bereiten. Eine besonders krebshemmende Wirkung haben **gelbe und grüne Gemüse** mit hohem Beta-Carotingehalt: Möhren, Spinat, Lauch und Kohl. Auch Knoblauch hat in seinem breiten Wirkungsspektrum direkte tumorhemmende Eigenschaften und wirkt positiv auf das Gleichgewicht der Darmflora ein. Vor allem aber der **Roten Bete** kommt in der Krebstherapie eine große Bedeutung zu. Der Farbstoff der Roten Bete ersetzt das in den Krebszellen zugrunde gegangene Oxydationsferment Zytochromoxidase. Dadurch kann die gestörte Zellatmung der Krebszellen um 450 %, in Verbindung mit anderen Substanzen sogar um 1250 % gesteigert werden. Es handelt sich dabei allerdings um eine Substitutionstherapie, die lebenslang in größeren Mengen fortgesetzt werden muß, da es sonst nach Absetzen zu einem Rückfall kommen würde.
Von großer Bedeutung ist auch die **rechtsdrehende L(+)-Milchsäure**, die in milchsauren Gemüsesäften und Gemüse, Sauerkraut und gesäuerten Milchprodukten vorkommt. Rechtsdrehende Milchsäure kann die vom Tumor produzierte toxisch wirkende linksdrehende Milchsäure neutralisieren, indem sie sich mit ihr zur sogenannten razemischen Milchsäure verbindet, die vom Organismus problemlos ausgeschieden werden kann. Es hat sich gezeigt, daß Krebskranke oft einen Mangel an rechtsdrehender Milchsäure auf-

weisen. Außerdem aktiviert Rechtsmilchsäure die Zellatmung im Experiment um 110 %, besonders in Verbindung mit Roter Bete, deren Wirkung sie potenziert.
Ein weiteres sehr krebswirksames Nahrungsmittel ist die **Bierhefe**, erhältlich in Form von Hefepaste, -flocken, -tabletten oder flüssig. Bei Tierversuchen konnte durch Bierhefe eine erhebliche Verlängerung der Überlebenszeiten erreicht werden. Bierhefe kann vor allem auch die Nebenwirkungen der Strahlentherapie mildern, wenn sie bereits vor Beginn der Therapie hochdosiert verabreicht wird. Um die Ausscheidung von Giften über die Nieren zu fördern, sind die Aufnahme **großer Flüssigkeitsmengen**, am besten dreimal täglich ein 3/4 Liter, zu empfehlen. Als Getränke kommen vor allem mineralstoffarmes Wasser und Kräutertee, sowie in geringeren Mengen auch Gemüsesaft und Buttermilch in Frage. Erwähnt werden muß in diesem Zusammenhang auch noch das **Heilfasten**, das den Organismus von Verdauungsaufgaben entlastet und besonders die Entgiftung und Entschlackung anregt. Für Krebskranke scheinen nur kurze Fastenzeiten von 4-8 Tagen günstig zu sein. Sehr umstritten ist das 42tägige Saftfasten nach Breuss. Mit dieser Methode scheint es in einigen Fällen auch zu langfristigen Heilungen gekommen zu sein. Sie wird jedoch selbst von Vertretern der Ganzheitsmedizin oft mit scharfer Kritik bedacht.
Ebenfalls umstritten ist die **Moerman-Therapie**. Durch Versuche mit Brieftauben fand der holländische Arzt Moerman 8 lebenswichtige Stoffe: die Vitamine A, B-Komplex, C und E, sowie Zitronensäure, Eisen, Schwefel und Jod, deren Mangel die Krebsentstehung begünstigt. Durch eine spezielle Krebsdiät, die reich an diesen Stoffen ist, konnten einige spektakuläre Erfolge bei Krebskranken erzielt werden.
Eine weitere Ernährungsform, der krebshemmende Wirkungen zugesprochen werden, ist die nach fernöstlichen Prinzi-

pien ausgerichtete **Makrobiotik**, die besonders in den USA verbreitet ist. Durch eine ausgewogene Ernährung mit Nahrungsmitteln, die jeweils dem Yin oder dem Yang zugeordnet werden, soll im Körper ein optimales Gleichgewicht zwischen diesen Kräften und damit eine Heilung erzielt werden. Um die Grundsätze der Ernährungstherapie in die Praxis umzusetzen empfiehlt es sich, auf eines der auf dem Markt befindlichen Bücher über Krebsdiäten zurückzugreifen, die mehr praktische Informationen und abwechslungsreiche Rezepte enthalten (s. Literaturverzeichnis). Auch wenn es den einen oder anderen Überwindung kostet auf seine gewohnte Ernährung zu verzichten, ist dies eine relativ einfache und doch tiefgreifende Möglichkeit, mit der jeder selbst zu einer Verbesserung seiner Heilungschancen beitragen kann. Es ist selbstverständlich, daß die verwendeten Nahrungsmittel: Obst, Gemüse und Vollkorn aus **biologischem Anbau** stammen sollten, da diese in der Regel weniger Schadstoffe und mehr Vitamine und Mineralstoffe enthalten.

Vitamine

Daß Vitamine für den Körper lebenswichtig sind, ist bekannt. Untersuchungen zeigen, daß gerade bei Krebskranken der Vitaminspiegel oft erheblich unter dem normalen Maß liegt. Daraus folgt, daß eine ungenügende Aufnahme dieser Substanzen die Krebsentstehung begünstigt und Vitamine vor allem in der Prophylaxe, aber auch in der Therapie, eine wichtige Rolle spielen können.
Die Wirkung der Vitamine auf den Organismus ist vielfältig; sie können die Aggressivität krebserregender Substanzen abschwächen und das Abwehrsystem kräftigen. Für die Krebstherapie besonders interessant sind die Vitamine A, C

und E, die als Anitoxidantien wirken und so die körpereigene Abwehr gegen schädliche Oxidationsprodukte fördern.
Die wichtigste Rolle in der Krebstherapie kommt offensichtlich dem **Vitamin A** zu, das das unspezifische Abwehrsystem durch eine Aktivierung von Makrophagen und Lymphozyten aktiviert.
Daneben ist Vitamin A ein besonderer Schutzfaktor für Haut und Schleimhäute und kann dort krebsartige Prozesse verhindern. Untersuchungen zeigen, daß 23,5 % aller Krebskranken einen auffälligen Vitamin-A-Mangel aufweisen im Vergleich zu nur 6 % der Gesunden. Besonders häufig war der verminderte Vitamin-A-Spiegel bei Patienten mit gynäcologischen Tumoren, Dickdarm- und Hautkrebs, also überall dort, wo Haut und Schleimhäute betroffen sind. Auch bei anderen Krebsarten, Magen- und Lungenkrebs, ist ein deutlicher Zusammenhang mit Vitamin-A-Mangel festgestellt worden.
Wenn Vitamin A in sehr hohen Dosen aufgenommen wird, hat es auch eine direkte tumorhemmende Wirkung. Als problematisch erweist es sich allerdings, daß eine Überdosis von Vitamin A toxische **Nebenwirkungen** wie Kopfschmerz, Übelkeit, Veränderungen des Blutbildes und bei schwangeren Frauen sogar Mißbildungen zur Folge haben kann. Es gibt aber Untersuchungen, die zeigen, daß auch relativ hohe Dosen von Krebskranken gut vertragen wurden.
Hohe Gaben von Vitamin A können außerdem die Wirkung der Strahlen- und Chemotherapie verbessern. Bei einer Untersuchung an der Jankerklinik in Bonn wurde Lungenkrebspatienten neben der Bestrahlung Vitamin A verabreicht, während die Kontrollgruppe nur bestrahlt wurde. Die mit Vitamin A behandelte Gruppe wies nach einem Jahr eine wesentlich höhere Überlebensrate auf, 61 % gegenüber 20 % der Kontrollgruppe.

Hohe Dosen von **Vitamin C** haben sich in der Krebsbehandlung als hilfreich erwiesen. Vitamin C stärkt das Abwehrsystem, indem es u. a. die Interferonbildung stimuliert. Außerdem ist es für den Aufbau der interzellulären Matrix und den Transport von Nährstoffen und Schlacken im Körper von Bedeutung. Besonders wichtig in Bezug auf die Krebsprophylaxe ist die Fähigkeit des Vitamin C die Bildung von krebserzeugenden Nitrosaminen im Magen zu hemmen.
Vitamin C hat jedoch auch eine direkte tumorhemmende Wirkung. Speziell auf Melanomzellen übt es eine selektive Toxizität aus, die durch die Zugabe von Kupfer noch potenziert wird. Das liegt daran, daß Vitamin C und Kupfer für die Synthese des Melanin notwendig sind und deshalb hauptsächlich in den Melanomzellen der Haut angereichert werden.
Die Antikrebswirkung des **Vitamin E** beruht vor allem darin, daß die Sauerstoffutilisation der Zellen und damit ihre Energieversorgung gesteigert werden. Außerdem schützt Vitamin E als starkes Oxidans die Zellen vor sogenannten freien Sauerstoffradikalen und verhindert die Entstehung schädlicher Oxidationsprodukte. Auch D-Vitamine werden zur Krebsbehandlung herangezogen, da sie vermutlich die Zelldifferenzierung beeinflussen. Außerdem erleichtern D-Vitamine die Verwertung von Calcium im Organismus. Auf Interleukin II können sie jedoch suppressiv wirken.
Keinen direkten Einfluß auf das Krebsgeschehen haben die Vitamine des B-Komplexes, obwohl sie zum Teil aufgrund ihrer die Zellatmung aktivierenden Wirkung verwendet werden.
Wo eine gezielte Vitamintherapie sinnvoll ist, sollte sie auf jeden Fall unter ärztlicher Aufsicht und nicht auf eigene Faust begonnen werden.
Denn wahlloser Konsum von Vitaminpräparaten birgt zum

einen die Gefahr einer Überdosierung, zum anderen sind Vitamine im natürlichen Verband für den Organismus besser verwertbar.
Nahrungsmittel mit besonders hohem Vitamingehalt sind im folgenden aufgeführt (Angaben pro 100 g):

Vitamin A (Tagesbedarf Erwachsene 3.000 I. E.)

Sanddornkonzentrat	130 000 IE
Hagebutte	8 000
Zuckermelone	3 000
Aprikosen	2 790
Sauerkirschen	1 000
Preißelbeeren	500

weitere sehr gute Vitamin-A-Quellen sind: Kohl, Spinat, Karotten, Salat, Obst, Milchprodukte

Vitamin C (Tagesbedarf 75 mg)

Hagebutte	1 000-2 000 mg
Sanddornkonzentrat	300- 500
Rote Paprika	200
Schwarze Johannisbeere	200
Grüne Paprika	100
Kohl, roh	50- 100

Generell alles frische Obst und Gemüse

Vitamin E (Tagesbedarf 12 mg)

Kaltgepresste Pflanzenöle	100- 250 mg
Sonnenblumenkerne	50
Nüsse	10- 25
Weizenkeime	10- 20
Vollkornprodukte	3- 6

Mineralien und Spurenelemente

Die meisten Mineralien und Spurenelemente wirken auf das Krebsgeschehen ein. Dies gilt besonders für die Spurenelemente Selen, Molybdän und Germanium. Epidemiologische Studien haben nachweisen können, daß zwischen einem Mangel dieser Substanzen und der Krebshäufigkeit signifikante Korrelationen bestehen. Zu den Selenmangelgebieten gehört u. a. auch die Bundesrepublik Deutschland. Verantwortlich dafür ist zum einen ein Selenmangel im Boden, zum anderen vorherrschende Ernährungsgewohnheiten. **Selen** ist vor allem in Getreide und Meeresfrüchten enthalten. Zudem erhöht die Belastung mit Schwermetallen den Selenbedarf. Selen weist verschiedene Schutzwirkungen auf. Einerseits stimuliert es das Abwehrsystem, andererseits hat es antimutagene[6] Wirkungen. Besonders wichtig ist, daß Selen vor durch krebserregende Substanzen verursachten Chromosomenschäden schützen kann. Außerdem ist Selen ein wichtiger Bestandteil der Glutathionperoxidase, einem wichtigen Ferment der Autoxidationsabwehr. In höheren Dosen wirkt Selen allerdings toxisch, dies jedoch besonders im sauren Milieu. Im alkalischen Milieu, das bei Krebskranken vorherrscht, werden auch relativ hohe Dosen gut vertragen.

Molybdän ist vor allem für die Synthese der Zellenzyme Xanthinoxidase und Hydroxylamin-Reduktase von großer Wichtigkeit. Diese beiden Fermente, die in Krebszellen stark vermindert sind, sorgen für eine gute Funktion der Atmungskette.

Die prophylaktische Wirkung von **Germanium** ist u. a. dadurch aufgefallen, daß die Krebshäufigkeit in Gebieten mit germaniumhaltigen Quellen, z. B. dem Dunaris-Brunnen (Daun/Eifel), weit unter dem Durchschnitt liegt. Germanium verbessert die Sauerstoffversorgung der Zellen und stärkt das Abwehrsystem durch die Anregung der Interferonproduktion. Aufgrund seiner chemischen Struktur ist Germanium in der Lage Wasserstoffatome an sich zu binden und so einen Enthydrierungsprozeß in Gang zu setzen. Dadurch kann das Krebswachstum gehemmt und die Metastasierung verhindert werden.

Auch zwischen Magnesiummangel und Krebshäufigkeit sind Zusammenhänge festgestellt worden. **Magnesium** fördert das Abwehrsystem und ist besonders wichtig für die Leistungsfähigkeit der Mitochondrien, die die Fermente der Atmungskette enthalten. Klinische Untersuchungen haben gezeigt, daß eine Zusatztherapie mit Magnesium die Überlebenszeiten bei Krebs verbessern kann.

Weitere Elemente, die in diesem Zusammenhang eine Rolle spielen, sind Eisen, Zink, Schwefel und Jod.

Auch der Bedarf an Mineralien sollte möglichst im natürlichen Verband über die Nahrung gedeckt werden.

Abgesehen von Mineralwassern bieten sich folgende Nahrungsmittel dazu an:

Eisen: Melasse, Kleie, Weizenkeime, Petersilie, Schnittlauch, Soja, Sesamsamen

Jod: Seefische, Algen, jodiertes Meersalz

Magnesium: Kleie, Weizenkeime, Mandeln, Sojamehl, Hirse, Haferflocken

Molybdän: Hülsenfrüchte, Bierhefe, Buchweizen, Vollkorn

Selen: Seefische, Meeresfrüchte, Weizenkeime, Vollkorn, Kleie, Naturreis, Mais, Soja

Zink: Roggen, Weizen, Hafer, Erbsen, Nüsse

Enzymtherapie

Auch die proteolytischen[7] Enzyme[8] erfüllen eine wichtige Aufgabe in der Krebsbekämpfung. Krebszellen umgeben sich mit einer maskierenden Fibrinschicht[9], um vom Abwehrsystem nicht als fremd erkannt zu werden. Hier setzt die Wirkung der proteolytischen Enzyme an, indem sie diese Fibrinschicht auflösen und es dadurch dem Abwehrsystem erlauben, wirkungsvoll einzugreifen. Außerdem sorgen proteolytische Enzyme für den Abbau von Tumorzerfallsprodukten. Darüber hinaus haben sie auch eine direkte krebszerstörende Wirkung, die den Vorteil hat, völlig selektiv zu sein. Injektionen von proteolytischen Enzymen direkt in Tumoren, die der Nadel zugänglich sind, haben ein Absterben des Tumorgewebes zur Folge, ohne daß die Grenzen des gesunden Gewebes geschädigt werden.

Durch proteolytische Enzyme kommt es zu einer Abgrenzung zwischen krankem und gesundem Gewebe, durch die eine notwendige Operation erleichtert werden kann.

Proteolytische Enzyme kommen im Magen-Darm-Trakt, der Bauchspeicheldrüse und im weißen Blutbild vor. Bei Krebskranken sind sie jedoch oft stark vermindert. In der Krebstherapie werden tierische Verdauungsenzyme und die pflanzlichen Enzyme **Papain** aus der Papaya und **Bromelain** aus der Ananas verwendet. Die wichtigsten Präparate sind Wobenzym und Bromelain.

Bei klinischer Anwendung dieser Präparate kam es zu einer signifikanten Verringerung der Metastasierungshäufigkeit und der Rückfallquote. Vor allem die Lebensqualität konnte gesteigert werden. Es wird berichtet, daß die Gabe proteolytischer Enzyme eine sofortige Schmerzlinderung zur Folge haben kann. Zudem lindert die Enzymtherapie die Nebenwirkungen von Bestrahlung und Chemotherapie. Trotz Dauertherapie und relativ hoher Dosierung konnten bei der Einnahme von Enzymen keine Nebenwirkungen festgestellt werden. Besonders gut eignet sich die Enzymtherapie zu einer Kombination mit Thymuspräparaten und Vitamin A.

Phytotherapie

Die Verwendung von Heilpflanzen hat in der Volksheilkunde eine lange Tradition, und es sind viele Pflanzen bekannt, denen eine krebsheilende Wirkung zugesprochen wird, u. a. Ringelblume, Beinwell und Schöllkraut.
Die onkologische Forschung bemüht sich, tropische Pflanzen systematisch auf ihre Inhaltsstoffe zu untersuchen, um so vielleicht ein wirkungsvolles Mittel gegen Krebs zu finden.
Das bekannteste pflanzliche Krebsmittel ist zweifellos die Mistel, die jedoch in einem Extrakapitel behandelt werden soll.
Ein pflanzliches Präparat, das in der letzten Zeit viel auf sich aufmerksam gemacht hat, ist **Carnivora**, das aus dem Preßsaft der Venusfliegenfalle hergestellt wird. Carnivora hat genreparative Eigenschaften. Dadurch kann das genreparative Potential des Krebskranken gestärkt werden, indem Krebszellen durch Veränderung der Gene repariert oder ausgesondert werden können. Auch eine immunstimulierende Wirkung konnte nachgewiesen werden, die durch eine Aktivierung der Phagozytose zustande kommt.
Besonders interessant für die Krebstherapie ist die Eigenschaft von Carnivora, das Zellwachstum durch Hemmung der Zellteilung zu unterbinden. Dies konnte bei Tierversuchen beobachtet werden, bei denen das Tumorwachstum um 60 % gehemmt werden konnte. Carnivora wirkt dabei selektiv auf Tumorzellen und führt trotz hoher Dosen nicht zu

toxischen Nebenwirkungen. Auch bei Krebskranken hat sich Carnivora bewährt; dies wird in Fallberichten deutlich, die zeigen, daß durch die Anwendung dieses Präparates ein Tumorrückgang erreicht werden kann.
Vom Bundesgesundheitsamt wurde Carnivora jedoch verboten aufgrund von Nebenwirkungen, die deutlich geringer sind als bei Chemotherapeutika. Die am häufigsten genannte Nebenwirkung Fieber ist sogar wünschenswert in der Krebstherapie, da sie eine Abwehrsteigerung zur Folge hat.
Eine weitere in der biologischen Krebstherapie gern verwendete Pflanze ist die aus Nordamerika stammende **Echinacea** = Roter Sonnenhut, die schon in der indianischen Volksmedizin benutzt wurde. Die Wirkung von Echinacea liegt in einer Stimulierung des Abwehrsystems begründet, die durch eine gesteigerte Interferonbildung und der Anregung von Fieber erreicht wird. Bei der Behandlung von Krebskranken kann ein guter Allgemeinzustand und eine Reduzierung der Metastasenbildung[26] erzielt werden.

Misteltherapie

Zu den bekanntesten biologischen Krebsmitteln überhaupt gehört die Mistel, deren Wirksamkeit bei Krebs schon in den zwanziger Jahren von dem Begründer der Anthroposophie Rudolf Steiner erkannt wurde. Diese Erkenntnis gründete nicht auf naturwissenschaftlichen Forschungen sondern auf Intuition; denn in der **Anthroposophie** ist eine Analogie zwischen dem Wesensbild eines Heilmittels und dem einer Krankheit für die Arzneimittelfindung ausschlaggebend.
Die Mistel nimmt unter den höheren Pflanzen eine Sonderstellung ein. Einzigartig ist, daß sie ihre Wachstumsrichtung nicht zur Sonne und ihre „Wurzeln“ nicht zum Erdmittel-

punkt ausrichtet. Außerdem macht sie als immergrüne Pflanze den Jahresrhythmus nicht mit. Daraus kann man folgern, daß die Mistel keine Beziehung zu Raum und Zeit hat. Auch zur Erde hat sie, als ein auf Bäumen wachsender Halbparasit, keinerlei Verbindung. Ausgesprochen ausgeprägt ist hingegen ihre Beziehung zu Licht und Wasser. Im Gegensatz zu den meisten Pflanzen braucht die Mistel Licht zum Keimen, und auch ihre „Wurzeln" enthalten das normalerweise nur am Licht gebildete Chlorophyl. Misteln wachsen besonders gut an Flüssen und über Wasseradern.

Im Hinblick auf die Krebskrankheit ist die Beziehung der Mistel zum Licht entscheidend, da Licht das Element ist, dem besondere Gestaltungskräfte innewohnen. Charakteristisch für den Krebs ist dagegen ein Mangel an Ordnung und Formung. Die Gestaltungskräfte des Kranken sind zu schwach, dieses Wachstum zu beherrschen und zu lenken. An diesem Punkt soll die Mistel ansetzen.

Inzwischen hat man die Mistel auch naturwissenschaftlich erforscht und zahlreiche krebshemmende Wirkstoffe entdeckt: Proteine, Lektine und Alkaloide.

Die basischen **Mistelproteine** haben eine rein selektive zytostatische[10] Wirkung auf Tumorzellen und das schon in sehr geringer Dosierung. In Tierversuchen kam es schon bei 1/1000 mg zu einer 50prozentigen Tumorhemmung. Dabei wirken die Proteine nicht als Antimetabolite oder Zellteilungsgifte, sondern indem sie in die fehlgeleiteten Informationsmechanismen der Zelle durch eine Hemmung der RNA- und DNA-Synthese eingreifen.

Lektine sind Glykoproteine. In der Mistel sind drei verschiedene Lektine enthalten, von denen Lektin 1 am häufigsten vorkommt. Das Molekül dieses Lektins enthält zwei verschiedene Ketten, sogenannte A- und B-Ketten, die sich in ihrer krebshemmenden Wirkung ergänzen. Dadurch, daß die

B-Kette sich an die Kohlenhydrate bestimmter Zelloberflächen heftet, kann die A-Kette in die Zelle eindringen und die Proteinsynthese der Ribosomen enzymatisch hemmen. Zudem steigert die B-Kette die Phagozytose und aktiviert die Makrophagen. Im Tierversuch zerstören Lektine Krebszellen, während normale Zellen erst ab der zehnfachen Dosis angegriffen werden.
Auch die von Khwaja entdeckten Mistelalkaloide zeigen eine starke zytostatische Wirkung, die sich in Experimenten und Tierversuchen nachweisen ließ.
Weitere tumorhemmende Inhaltsstoffe sind die Aminosäure Arginin, Viscotoxine, Mistelpolysaccaride, Lipide und Vitamin C. Die Inhaltsstoffe der Mistel potenzieren sich in ihrer Wirkung. Deshalb wirken Mistelpräparate stärker als die einzelnen Inhaltsstoffe und sind vor allem auch verträglicher für den Krebskranken. Besonders günstig für den Einsatz in der Krebstherapie ist, daß die Mistel trotz zytotoxischer Wirkung, die teilweise die von Chemotherapeutika übersteigt, gesunde Zellen nicht schädigt und obendrein auch noch immunstimulierend wirkt. Versuche haben gezeigt, daß Mistelpräparate Granulozyten, Makrophagen und naturalkiller-Zellen aktivieren. Des weiteren wird die Thymusdrüse stimuliert, die für das Abwehrsystem von großer Bedeutung ist. In Tierversuchen kam es zu einer Gewichtszunahme der Thymusdrüse um 76 %.
Von den zahlreichen Mistelpräparaten ist Iscador sicher das bekannteste. Weitere Präparate sind Helixor, Iscucin, Vysorel und Abnoba Viscum. In der Regel wird Iscador subkutan (unter die Haut) in Tumornähe gespritzt. Patienten können nach Anleitung die Injektionen auch selbst durchführen. Da die genauen Inhaltsstoffe der Misteln von den jeweiligen Wirtsbäumen abhängen, am häufigsten werden Eiche, Apfelbaum und Kiefer verwendet, ist die Zusammensetzung

des Präparates von der jeweiligen Krebsart und Tumorgröße abhängig. Durch Zugabe von Metallen soll eine spezifische Organwirkung erreicht werden. Besten Erfolg hat die Misteltherapie, wenn sie ergänzt wird durch psychische Betreuung, eine Ernährungsumstellung und Entgiftung des Körpers durch homöopathische Mittel.

Die Misteltherapie ist geeignet für alle Stadien der Krebserkrankung. Sie kann prophylaktisch bei Risikopatienten eingesetzt werden oder als postoperative Therapie, um das Auftreten von Metastasen oder einen Rückfall zu verhindern. Allerdings muß die Therapie, auch bei Beschwerdefreiheit, langfristig über mehrere Jahre angewendet werden, um einen Erfolg zu gewährleisten. Auch vor einer Operation ist die Anwendung von Mistelpräparaten ratsam, da sie eine Abgrenzung des Tumors herbeiführen können. Bei inoperablen Tumoren konnte in vereinzelten Fällen eine teilweise oder auch völlige Rückentwicklung beobachtet werden. Häufiger kommt es jedoch zu einem Wachstumsstillstand, einem Gleichgewicht zwischen Krebs und Organismus. In diesen Fällen kann eine deutliche Lebensverlängerung und vor allem eine Steigerung der Lebensqualität erzielt werden. Es kommt zu einer Verbesserung des Allgemeinzustandes, Appetitzunahme, Vertiefung des Schlafes, Lösung von Verkrampfungen und Depressionen, zu mehr Energie und Lebensmut. Besonders das Auftreten von Schmerzen kann durch Misteltherapie verhindert bzw. gemildert werden.

Von den zahlreichen Studien über die Wirksamkeit der Mistelpräparate sei hier nur eine beispielhaft erwähnt. In der Lukasklinik, einer der führenden Kliniken in der Misteltherapie, wiesen Patientinnen mit Ovarialkarzinom im Stadium I bei postoperativer Iscadortherapie eine 5-Jahresüberlebensrate von 73 % auf, während das Durchschnittsergebnis nur bei 67 % liegt. Signifikanter ist der Unterschied noch bei

Patientinnen im weiter fortgeschrittenen Stadium II. Hier überlebten mit postoperativer Iscadortherapie 53% der Patientinnen im Vergleich zu einem Durchschnittswert von 38 %. Auffällig war, daß bei Stadium I Patientinnen, die zuvor postoperativ bestrahlt worden waren, mit 68 % eine schlechtere Überlebenszeit aufwiesen als Patientinnen, die nicht bestrahlt worden waren. Bei ihnen lag die Überlebensrate bei 80 %.

Homöopathie

Homöopathische Arzneimittel wirken nicht direkt krebshemmend; sie können jedoch den Gesamtverlauf der Krebserkrankung günstig beeinflussen. Im Vordergrund stehen nicht so sehr bestimmte Krebsmittel, sondern die Arzneimittel werden individuell auf den Krebskranken und seine spezifischen Symptome entsprechend der homöopathischen Ähnlichkeitsregel, abgestimmt. Die Homöopathie eignet sich besonders gut als Zusatztherapie zu anderen Therapieformen, da sie die Entgiftung des Körpers fördert und das Immunsystem anregen kann. Außerdem kann eine Schmerzlinderung erreicht werden. Neben pflanzlichen und mineralischen Präparaten werden in der Krebsbehandlung vor allem auch Nosoden[11] verwendet, die aus Krebsgewebe hergestellt und in höheren Potenzen verabreicht werden.

Organotherapie

Zelltherapie

Auch der Einsatz tierischen Gewebes hat sich in der biologischen Krebsbehandlung bewährt. Die 1931 von Niehans be-

gründete Zelltherapie besteht darin, daß dem Kranken Zellen von Schafen und Rindern injiziert werden. Es werden vorwiegend fetale Zellen verwendet, da sie ein höheres biologisches Potential haben und außerdem gut verträglich sind. Neben Frischzellen werden häufig auch tiefgefrorene oder gefriergetrocknete Zellpräparate verwendet. Nach der Injektion werden die Zellen von körpereigenen Freßzellen zu kleineren Bausteinen abgebaut, von denen ein großer Teil über Blut- und Lymphbahnen zu den homologen[12] Organen gelangt. Dadurch kann, neben einer allgemeinen Revitalisierung und Abwehrstimulation, durch die Auswahl der Zellen eine organspezifische Wirkung erzielt werden. Über den Wirkungsmechanismus der Zelltherapie gibt es verschiedene Theorien. Nach der Substitutionstheorie werden die Zellbausteine, Peptide und Proteine in den körpereigenen Zellen eingebaut. Unter einem Matrizeneffekt versteht man hingegen, daß der simulierte Abbau der artfremden Zellen eine gesteigerte Zellneubildung in den homologen Organen bewirkt.
Zur Anwendung in der Krebsbehandlung bieten sich vor allem Mesenchymzellen an, da das Mesenchym[13] Träger der unspezifischen Abwehr ist. Eine Stimulation anderer bei der Abwehr beteiligter Organe durch Gaben von Thymus, Leber, Milz, Lymphknoten und Knochenmark ist ebenfalls wichtig. Zudem sollten Zellen der tumor- und metastasentragenden Organe sowie übergeordneter Organe wie Epiphyse oder Zwischenhirn gegeben werden.
Die bekanntesten Zelltherapeutika in der Krebstherapie sind die Mesenchympräparate Resistocell und RESomill. Ihre Wirkung beruht, neben einer allgemeinen Abwehrstimulation mittels einer Aktivierung von Makrophagen, Antikörpern und Lymphozyten, vor allem auch auf einer spezifischen Reaktion gegen die Antigene der injizierten Zellen. Da auch der Tumor ähnliche Antigene produziert, kann so die

Immuntoleranz des Organismus gegenüber den Krebszellen herabgesetzt oder sogar durchbrochen werden.
Außerdem intensiviert die Zelltherapie die Zellatmung und verringert Gärungsprozesse. Im Tierversuch konnte durch Zelltherapeutika ein Absterben von Tumorzellen und eine Modifizierung der Kontaktinhibitation, d. h. Hemmung der Zellteilung bei Berührung mit anderen Zellen, beobachtet werden.
Die Zelltherapie läßt sich bei allen Stadien der Krebserkrankung anwenden: im präcancerösen[14] Stadium, zur Rezidiv-[15] und Metastasierungsprophylaxe[16] nach Operationen und auch bei inoperablen Tumoren zur Verbesserung der Lebensqualität und zur Lebensverlängerung.
Die Wirksamkeit der Zelltherapie ist auch in klinischen Studien nachgewiesen worden. Sie erhielten z. B. an der Medizinischen Hochschule Hannover 57 Brustkrebspatientinnen im fortgeschrittenen Stadium neben einer Basistherapie aus niedrigdosierter Chemotherapie und lokaler Bestrahlung zusätzlich Resistocell, während eine Kontrollgruppe von 46 Patientinnen nur die konventionelle Basistherapie erhielt.
Dabei zeigt sich, daß durch die zusätzliche Anwendung von Resistocell die mediane Lebenserwartung um 31 % gesteigert werden konnte, von 22,3 auf 29,3 Monate. Die 5-Jahresüberlebensrate konnte verdoppelt werden, von 9 % auf 18 %.
Das bessere Ergebnis der Resistocell-Gruppe kam erst nach einem Jahr zum Tragen, was damit zusammenhängen kann, daß das Abwehrsystem erst nach der klinischen Remission stabilisierend wirken kann.
Anzumerken ist noch, daß besonders jüngere Patientinnen (30-40 J.) von der Resistocell-Therapie profitieren. Bei ihnen stieg die mediane Lebenserwartung um 80,8 % von 24,4 auf 43,4 Monate.
Bei der Zelltherapie kann es zu leichten bis mittleren Neben-

wirkungen, z. B. lokalen Entzündungen oder Fieber kommen. Diese Reaktionen sind jedoch von therapeutischer Seite nicht unerwünscht, da sie zeigen, daß der Körper noch reaktionsfähig ist. In diesen Fällen kann eine günstigere Prognose gestellt werden. Bei unsachgemäßer Präparierung fetaler Zellen kann es aber auch zu gefährlichen anaphylaktischen[17] Reaktionen kommen.

Dieses Risiko und 5 Todesfälle, bei denen ein ursächlicher Zusammenhang mit der Zelltherapie nicht belegt werden konnte, wurden vom Bundesgesundheitsamt zum Anlaß genommen, am 5.8.1987 die Zelltherapie zu verbieten. Allerdings waren nur die angemeldeten Präparate betroffen, während Frischzellen weiter verabreicht werden durften.

Mehrere Studien zeigen jedoch, daß die Nebenwirkungen der Zelltherapie eher gering einzustufen sind. Bei einer Umfrage an 1.500 Zelltherapeuten wurde eine Nebenwirkung von 0,67 % ermittelt. Davon entfielen 81 % auf leichte lokale Reaktionen. Auch Prof. Renner, der die eben beschriebene Studie durchführte, bezeichnet Resistocell als „ein sehr nebenwirkungsarmes Mittel“. Aufgrund zahlreicher Proteste mußte das Verbot Anfang 1988 wieder aufgehoben werden.

Zytoplasmatische Therapie

Im Unterschied zur Zelltherapie werden in der zytoplasmatischen Therapie keine ganzen Zellen sondern aus dem Zellplasma isolierte Peptid- und Proteinfaktoren verwendet.

Das bekannteste zytoplasmatische Krebsmittel NeyTumorin-Sol ist ein Kombinationspräparat aus verschiedenen Organen, die sich in ihrer Wirkung ergänzen. Substanzen aus Leber, Thymus und der Plazenta sollen zytostatisch[18] wirken, während Substanzen aus Knochenmark, Nabelstrang und Milz das Abwehrsystem stimulieren. Außerdem sind Sub-

stanzen zur Verbesserung des Stoffwechsels und zur Regulation des Hormonsystems beigefügt. Experimentell konnte gezeigt werden, daß NeyTumorin-Sol selektiv zytostatisch auf Krebszellen wirkt, indem es die körpereigene Abwehr gegen diese Zellen mobilisiert. Außerdem wird die DNS-Synthese der Krebszellen signifikant gehemmt, während es bei normalen Zellen zu keiner Beeinflussung kommt. Dies wurde durch radioaktive Markierungen mit $_3$H-Thymidin meßbar gemacht.
NeyTumorin ist zur Behandlung in allen Stadien der Krebserkrankung geeignet. Besonders auch die schmerzlindernde Wirkung ist hervorzuheben, die durch eine Stimulierung und Revitalisierung des mesenchymalen[19] und zentralen Gewebes herbeigeführt wird. Um vor der Anwendung von NeyTumorin-Sol eine Immuntoleranz im Organismus zu erzeugen, werden ca. eine Woche lang Verdünnungen, sogenannte Dilutionen, in ansteigender Stärke verabreicht. Die beste Wirksamkeit wird bei intravenösen Injektionen erreicht, da die Wirkstoffe so sofort und vollständig bioverfügbar sind. Aber auch bei intramuskulärer Injektion wurden gute Ergebnisse erzielt.
Besonders gut sprechen u. a. Brustkrebs, Magen- und Darmkrebs, Melanome, Nierenkrebs und bestimmte Formen der Leukämie auf die Behandlung an.
Über die Wirksamkeit von NeyTumorin-Sol gibt es zahlreiche Studien. So wurden in der Sonnenbergklinik 14 Patienten mit einem Plasmazytom, Wucherung der Plasmazellen im Knochenmark, einer Monotherapie mit NeyTumorin-Sol unterzogen. Alle Patienten waren chemo- und strahlentherapeutisch ausbehandelt und hatten zu Beginn der Therapie eine statistische Lebenserwartung von 3-4 Monaten. 12 der Patienten sprachen auf die Therapie an, zwei davon sogar so gut, daß sie 2 Jahre nach Beginn der Therapie noch am Leben

waren und das symptomfrei. Die geringste Überlebenszeit betrug 6 Monate. Die Patienten zeigten ein gutes Allgemeinbefinden, das Blutbild normalisierte sich, und auch der Immunstatus konnte gebessert werden.
Gute Erfahrungen konnten auch bei 4 Patienten mit Hypernephrom (Nierenkrebs) gemacht werden. Während bei Chemotherapie normalerweise nur Ansprechraten von 20 % erreicht werden, kam es durch NeyTumorin-Sol bei allen Patienten zur Rückbildung von Lungenmetastasen. Trotz der sehr geringen Patientenzahl zeigt das Ergebnis gute Perspektiven (Douwes, 1984a). In einer weiteren Studie wurden 20 Patienten mit Dickdarmkrebs postoperativ mit NeyTumorin-Sol behandelt, während eine Kontrollgruppe unbehandelt blieb. In der mit NeyTumorin behandelten Gruppe kam es im Beobachtungszeitraum von 2-3 Jahren bei 3 Patienten zu Rezidiven.[20] Todesfälle waren nicht zu verzeichnen. Wesentlich schlechter sah es bei der Kontrollgruppe aus. Hier kam es bei 9 Patienten zu Rezidiven und zu 4 Todesfällen.

Thymustherapie

Eine besondere Rolle innerhalb der Organotherapie des Krebses kommt der Behandlung mit Thymusextrakten zu. Die Thymusdrüse ist ein zentrales Abwehrorgan, in dem die im Knochenmark gebildeten Lymphozyten zu den sogenannten T-Lymphozyten differenziert werden. Durch die Behandlung mit Thymusextrakten wird die Thymusdrüse des Kranken stimuliert und die Aktivität der T-Lymphozyten und Makrophagen gesteigert. Außerdem wird die Knochenmarksfunktion angeregt.
Thymusextrakt THX wird aus der Thymusdrüse 4-6 Monate alter Kälber hergestellt und besteht aus ca. 30 verschiedenen Thymusfaktoren. Behandlungsversuche mit einzeln isolier-

ten Thymusfaktoren, z. B. dem Hormon Thymosin, erwiesen sich als weniger effektiv als die Behandlung mit dem Gesamtextrakt.

Thymusextrakt THX wurde von dem schwedischen Tierarzt Ellis Sandberg entwickelt und erstmals 1950 eingesetzt. Sandberg behandelte u. a. auch insgesamt 2047 Krebskranke mit THX und stellte dabei fest, daß 80 % dieser Patienten auf die Therapie ansprachen. Dies machte sich durch eine Verbesserung des Befindens, langfristige Beschwerdefreiheit und durch die Zurückbildung von Tumoren bemerkbar. Bei den restlichen 20 % der Patienten war das Abwehrsystem schon so geschwächt, daß eine Stimulation nicht mehr möglich war. Neben der Behandlung eignet sich die Thymustherapie auch zur Krebsprophylaxe. Sandberg stellte fest, daß sich bei 150.000 Patienten, die aufgrund anderer chronischer Krankheiten langfristig mit THX behandelt wurden, kein Krebs entwickelte. Die Wirksamkeit der Thymustherapie wurde auch bei einer Doppelblindstudie an 69 Brustkrebspatientinnen festgestellt. 37 Frauen wurden mit Thymus-Dragees behandelt, während eine vergleichbare Kontrollgruppe von 32 Patientinnen stattdessen Placebos erhielt. Weder die Patientinnen noch die behandelnde Ärztin wußten, wer Thymus und wer Placebos bekam.

Die Mittelwerte der T-Lymphozyten, differenziert nach T_4, T_8 und T_4/T_8, stimmten vor Beginn der Studie bei beiden Gruppen überein.

Schon nach einem Monat kam es bei den Patientinnen, die Thymus-Dragees erhielten, zu einem signifikanten Ansteigen von T_4 und T_4/T_8, nicht jedoch von T_8.

Auch Befragungen nach dem subjektiven Befinden brachten signifikant bessere Ergebnisse für die Patientinnen der Thymus-Gruppe. Eine Besserung des Gesundheitszustandes und des Allgemeinbefindens wurde hier von ca. 50 % der

Frauen angegeben gegenüber nur ca. 20 % der Kontrollgruppe. Zu einem Nachlassen der Schmerzen kam es bei 76 % der mit Thymus behandelten Patientinnen im Vergleich zu 46 % in der Kontrollgruppe.

Sauerstofftherapie

Experimentell konnte nachgewiesen werden, daß ein Mangel an Sauerstoff Zellen dazu veranlassen kann, ihre Energieversorgung von Sauerstoff auf Gärung umzustellen, also sich in eine Krebszelle umzuwandeln. Es hat sich auch gezeigt, daß zwischen einer guten Sauerstoffversorgung im Organismus und der Funktionsfähigkeit des Abwehrsystems ein Zusammenhang besteht. So erhöht sich mit dem arteriellen Sauerstoffpartialdruck ($p\text{-}O_2$) auch der Prozentsatz rosettenbildender Lymphozyten bei Immuntests. Die Tatsache, daß die pO_2-Werte, die bei jungen Menschen bei 90-100 TORR liegen, im Alter kontinuierlich bis zu 70 TORR absinken, ist wahrscheinlich mit dafür verantwortlich, daß das Krebsrisiko mit dem Lebensalter zunimmt.

Neben einem konsequenten Ausdauertraining bieten sich verschiedene Formen der Sauerstofftherapie an, um die Sauerstoffaufnahme und -verwertung des Organismus zu verbessern.

Relativ neu ist die von Ardenne begründete **Sauerstoff-Mehrschritt-Therapie**, mit der es möglich ist, in die Mikrozirkulation der Zellen einzugreifen und den $p\text{-}O_2$ auch für längere Zeit anzuheben.

Die Therapie besteht aus drei aufeinander abgestimmten Schritten. Zuerst werden ca. 20 Minuten vor Beginn der eigentlichen Sauerstofftherapie Medikamente verabreicht, die die Sauerstoffverwertung der Zellen verbessern: u. a. die

Vitamine B_1 und C und Magnesium. Im zweiten Schritt wird reiner Sauerstoff über eine Nasensonde oder eine Sauerstoffmaske inhaliert. In der Regel werden für die Dauer von 2 Stunden ca. 5 l Sauerstoff pro Minute zugeführt. Die genaue Menge der Sauerstoffzufuhr richtet sich jedoch nach dem Zustand des Patienten. Der dritte Schritt besteht aus einer Bewegungstherapie, die mit Atemübungen kombiniert wird. Dadurch soll der durch die Inhalation verbesserte Sauerstoffstatus stabilisiert werden. Bei der Behandlung von Krebskranken entfaltet die Sauerstoff-Mehrschritt-Therapie ihre Wirksamkeit vor allem in der Rezidiv- und Metastasierungsprophylaxe. Sie sollte sowohl vor als auch nach einer Operation angewandt werden, da jede Operation den Sauerstoffstatus noch zusätzlich verschlechtert.

Im Tierversuch konnte eine Verringerung der Metastasenbildung von 100 % auf 5 % erzielt werden.

Außerdem erhöht die Sauerstoff-Mehrschritt-Therapie die Lebensqualität und mildert die Nebenwirkungen von Bestrahlung und Chemotherapie. Besonders bewährt hat sich eine Kombination mit Ozontherapie und Thymusextrakten.

Grundsätzlich hat **ionisierter Sauerstoff** eine höhere Wirkung, da er reaktionsfreudiger ist und Peroxide[21] bildet. Dadurch erhöht sich die Sauerstoffnutzung, während gleichzeitig Krebszellen geschädigt werden, da bei ihnen ein Mangel des für die Spaltung von Peroxiden notwendigen Zellenzyms[22] Katalase vorliegt.

Sauerstoff wird in der Krebsbehandlung mit Erfolg eingesetzt. Erreicht werden konnten u. a. eine verbesserte Lebensqualität und eine erhebliche Reduzierung von Schmerzen. Auch die Wirkung der Sauerstoff-Mehrschritt-Therapie läßt sich durch die Anwendung ionisierten Sauerstoffs noch verbessern.

Sehr wirkungsvoll ist auch die **Ozontherapie**. Ozon (O_3) spaltet sich im Körper in O_2 und ein freies, sehr aktives O-Atom, das direkt mit dem Substratwasserstoff reagieren kann. Dadurch kann die gestörte Atmungskette ersetzt werden.
Ozon hat zudem zytotoxische Eigenschaften, die experimentell nachgewiesen werden konnten. In einer Konzentration von 0,3-0,5 ppm in der Luft hemmte Ozon das Wachstum von Krebszellen um 40-60 %, ohne normale Zellen zu schädigen. Bei einer höheren Konzentration von 0,8 ppm wurden Krebszellen sogar um 90 % in ihrem Wachstum gehemmt. Aber auch das normale Zellwachstum wurde um 50 % gehemmt.

Hämatogene Oxydationstherapie

Obwohl auch die Hämatogene Oxydationstherapie (H.O.T.) primär bei einer Verbesserung der Sauerstoffutilisation ansetzt, kann sie nicht als Sauerstofftherapie bezeichnet werden.
Bei der H.O.T. wird Blut, das dem Patienten abgenommen wurde, ca. 30 Minuten in einem speziellen H.O.T.-Gerät mit UV-Licht bestrahlt. Nach dieser Bestrahlung wird das Blut dem Patienten wieder injiziert.
Durch die Bestrahlung mit UV-Licht kommt es zu fotochemischen Reaktionen, bei denen aktiver Singulett-Sauerstoff entsteht.
In der Krebsbehandlung eingesetzt, kann die H.O.T. eine Lebensverlängerung und eine Steigerung der Lebensqualität bewirken. Nebenwirkungen von Bestrahlung und Chemotherapie werden reduziert.
Während der Therapie dürfen allerdings keine Medikamente, die Vitamin A oder E enthalten, genommen werden, da dies die Effektivität der H.O.T. abschwächen würde.

Wärme- und Fiebertherapie

Die heilende Wirkung des Fiebers bei sehr vielen Krankheiten ist schon lange bekannt, wie ein Zitat von Parmenides (500 v. Chr.) zeigt: „Gebt mir die Macht, Fieber zu erzeugen, und ich heile alle Krankheiten."

Daß Fieber gerade auch bei der Krebserkrankung eine wichtige Rolle spielen kann, zeigt sich schon daran, daß die überwiegende Mehrzahl der Krebskranken schon Jahre vor Auftreten der ersten Symptome kein Fieber über 38,9 Grad C mehr gehabt hat. Dies ist ein Hinweis auf ein geschwächtes Immunsystem.

In den USA sind bei einer breitangelegten Fragebogenaktion unter amerikanischen Ärzten 177 Fälle von spontanen Selbstheilungen bei Krebs ermittelt worden. Bei der Analyse dieser Fälle fiel auf, daß jedesmal hohes Fieber aufgetreten war.

Die Fähigkeit des Körpers, Fieber zu erzeugen, spielt also im Zusammenhang mit Krebs eine wichtige Rolle bei Erkrankung und Gesundung.

Die Wirkung des Fiebers liegt in einer erheblichen Aktivierung des Abwehrsystems begründet. Dies geschieht durch die Freisetzung des Peptidhormons Interleukin I, das wiederum weitere Abwehrfaktoren wie natürliche Killerzellen und lymphokin-aktivierte Killerzellen, Mikrophagen, Interferone und Tumornekrose-Faktor mobilisiert.

Es kommt auch zu einer Stimulation des RES (reticulo endotheliales System), das bei einer Krebserkrankung von besonderer Bedeutung ist. Aufgrund dieser Immunreaktion kann mit Hilfe der Fiebertherapie ein geschwächtes Immunsystem restauriert werden. Neben der indirekten krebshemmenden Wirkung über das Immunsystem werden die Krebszellen auch direkt durch die Temperatureinwirkung geschädigt, da sie hitzeempfindlicher sind als normale Zellen.

Die Hyperthermie (Überwärmung) läßt sich grundsätzlich auch mit Bestrahlung oder Chemotherapie kombinieren, da sie die Strahlensensibilität der Krebszellen und die zytotoxische[23] Wirkung der Chemotherapie erhöht. Man unterscheidet zwischen passiver und aktiver Hyperthermie.
Eine Methode der passiven Überwärmung ist die lokale Hyperthermie durch Mikrowellen, Radiowellen und Ultraschall. Bei dieser Methode wird das Tumorgebiet auf Temperaturen von 42,5 Grad C erhitzt, da erst ab dieser Temperatur klinisch relevante zytotoxische Effekte auftreten.
Bei der Krebs-Mehrschritt-Therapie von Ardenne wird die Wirkung der Hyperthermie durch eine Übersäuerung des Tumors durch hohe Gaben von Traubenzucker noch verstärkt. Diese Kombination macht den Tumor anfällig für geringe Dosen von Bestrahlung und Chemotherapie. Eine besonders milde Form der Hyperthermie sind Fieberbäder. Die am wenigsten belastende Form des Fieberbades ist das sogenannte japanische Bad, das nur 20-40 Minuten dauert. Während der Badezeit wird die Temperatur von 38 Grad C kontinuierlich auf 42 Grad C erhöht. Die Fieberwirkung wird durch die Gabe von Echinacea noch erhöht. Durch diese Methode werden, wenn auch nur kurzzeitig, Körpertemperaturen von 39,5 bis maximal 40 Grad erreicht. Auffällig ist, daß Krebskranke im Gegensatz zu anderen Patienten oft 4-5 Bäder brauchen, bis die Fieberreaktionen auftreten. Diese Form der Therapie kann auch zuhause durchgeführt werden, allerdings nur unter ständiger Kontrolle.
Bei jungen und kräftigen Patienten können auch länger andauernde Bäder angewendet werden, im Extremfall bis zu 8 Stunden. Ein solches Bad sollte dann aber auch nur einmal genommen werden. Besonders erfolgreich hat sich diese Form der Therapie bei Sarkomen[24] erwiesen. Zum Teil konnte auch bei aussichtslosen Fällen noch ein Erfolg erzielt werden.

Wirksamer als die passive Hyperthermie ist die aktive Fiebertherapie. Sie wurde erstmals von dem New Yorker Arzt Coley entwickelt, nachdem dieser Tumorrückgänge nach hochfiebrigen Infekten beobachten konnte.
Mit einem fiebererzeugenden Impfstoff aus abgetöteten Bakterien erreichte er durchschnittlich bei 50 % seiner Patienten einen Rückgang des Tumors. Diese Wirkung kommt über eine Normalisierung des geschwächten Abwehrsystems zustande.
Zu Komplikationen ist es bislang nicht gekommen, obwohl gelegentlich leichtere Nebenwirkungen wie Übelkeit, Erbrechen und Kopfschmerzen auftreten.
Nicht geeignet ist die Fiebertherapie für Patienten mit Herzkrankheiten, hohem Blutdruck, Leber- und Nierenschäden.
Besonders gute Erfolge lassen sich bei Sarkomen, Lymphonen[25] und Knochentumoren erzielen.
Eine besonders risikoreiche Form der Fiebertherapie ist die **Malariatherapie**. Den Anstoß zu dieser Form der Therapie gab die Beobachtung, daß bei Krebskranken, die sich mit Malaria infizierten, eine Tumorrückbildung einsetzte.
Gegenüber anderen Formen der Fiebertherapie wird bei der Malariatherapie besonders die Milz aktiviert, was gerade bei Krebs von großer Bedeutung ist.
Bei der Beimpfung mit Malaria kommt nur die Verwendung eines reinen Stammes der Tertiana-Form in Frage. Bei dieser Form treten in einem zweitägigen Rhythmus Fieberstöße mit Temperaturen von 39,5-40,5 Grad C auf. Wenn ein Fieberstoß zu hoch ist, kann durch die Einnahme von Chinin die Höhe des nächsten Fieberstoßes gesenkt werden.
Der zwischen den Fieberstößen liegende „freie" Tag ist gekennzeichnet durch die sogenannte Malariaeuphorie, in der selbst Schwerkranke ihren Zustand sehr positiv sehen und sich viel zutrauen. Die Patienten dürfen sich jedoch

nicht überanstrengen, da sonst die Gefahr eines Milzrisses besteht.
Da es bei der Malariatherapie zu Komplikationen kommen kann, muß der Patient während der Therapie genauestens untersucht werden, um eventuell sich anbahnende Schwierigkeiten zu erkennen und die Therapie rechtzeitig abzubrechen.

Akupunktur

Neben der Diagnose liegen die Einsatzmöglichkeiten von Akupunktur und Ohrakupunktur in der Krebsbehandlung bei der Reduzierung von Schmerzen und den Nebenwirkungen der Strahlen- und Chemotherapie.
Im Rahmen einer chinesischen Studie wurden 38 Patienten neben Strahlen- und Chemotherapie auch mit Akupunktur behandelt, während eine Kontrollgruppe nur die konventionelle Therapie erhielt. Es zeigte sich, daß bei den mit Akupunktur behandelten Patienten wesentlich weniger Nebenwirkungen auftraten. Besonders signifikant waren die Unterschiede bei den Kriterien Müdigkeit, die in der Akupunktur-Gruppe nur bei 5 % der Patienten auftrat im Vergleich zu 100 % der Kontrollgruppe, Erbrechen: 5 % gegenüber 85 %, Schwindel: 13 % gegenüber 85 % und Appetitlosigkeit 5 % gegenüber 90 %.

Krebs und Psyche

Daß die psychische Verfassung einen großen Einfluß auf körperliche Vorgänge und damit das Entstehen von Krankheiten hat, ist schon lange bekannt und gilt auch für Krebs. So konnte z. B. beobachtet werden, daß melancholische Frauen eher zu Brustkrebs neigen als andere.
Während dieses Wissen auf empirischen Erfahrungen gründet, konnte Ronald Grossarth-Maticek diese Zusammenhänge auch statistisch signifikant nachweisen. In einer prospektiven Studie wurden 1353 gesunde Personen im Alter von 40-80 Jahren per Fragebogen und Beobachtungskatalog auf ihre psychische Struktur und Verhaltensmuster hin untersucht. Nach 10 Jahren wurde ermittelt, welche Personen Krebs bekommen hatten. Dabei konnte man einen signifikanten Zusammenhang zwischen dem Persönlichkeitstyp und dem Auftreten von Krebs feststellen.
Typisch für diesen **Persönlichkeitstyp** ist ein kaltes, ausstoßendes Elternhaus, in dem die Kinder konform, perfektionistisch und leistungsbewußt erzogen worden sind. Die auffälligsten erlernten Verhaltensmuster sind eine Tendenz zu harmonisierendem Verhalten und eine Idealisierung wichtiger Bezugspersonen bei gleichzeitiger Unfähigkeit, tiefe, befriedigende Beziehungen aufzubauen.
Lebensangst und eine chronische Hoffnungslosigkeit werden durch Idealisierung der Umwelt, Selbstzurückstellung und übertriebene Anpassung überspielt. Typisch sind überaktive, exponierende und rein vernunftorientierte Verhaltensweisen. Bei 95 % der später an Krebs Erkrankten konnten geschulte Beobachter eine chronisch blockierte Bedürfnisäußerung feststellen.
Es besteht eine Tendenz zur Selbstaufopferung; die Bedürf-

nisse anderer werdem wesentlich wichtiger genommen als die eigenen. Durch diese psychische Situation entsteht ein chronischer emotionaler Streß, der nicht abgebaut werden kann, da weder Aggressionen geäußert werden können noch überhaupt ein psychopathologisches Problembewußtsein besteht.
Denn aufgrund einer stark gehemmten Gefühlswelt werden viele Krebsgefährdete sich ihrer eigenen seelischen Situation nicht bewußt. Depressionen, tiefsitzende Ängste, oft auch ein Hang zur Selbstzerstörung werden so radikal verdrängt, daß sie nicht einmal empfunden werden. Gerade die starken Kontroll- und Verdrängungsmechanismen sind verhängnisvoll, denn es ist anzunehmen, daß die Unterdrückung der Gefühlswelt sich in einer Unterdrückung des Immunsystems widerspiegelt.
Ob eine Krebsgefährdung vorliegt, kann auch mit Hilfe der **Traumdeutung** erkannt werden. Anhand typischer Träume – besser gesagt Alpträume – konnten spätere Krebspatienten zu 85 % herausgefunden werden. Kennzeichnend ist, daß diese Menschen im Traum selbst extrem bedrohliche Situationen positiv wahrnehmen und völlig unangemessen auf die Gefahr reagieren: abwartend, gleichgültig, resigniert.
Interessant ist auch der Zusammenhang zwischen **Religiosität** und Krebs. Extrem krebsgefährdet sind nach dieser Studie konventionell religiöse Personen. Von diesem Personenkreis erkrankten 37 % während der Laufzeit der Studie an Krebs. Bei Personen mit spontaner Religiosität waren es dagegen nur 3,5 %. Bei Atheisten, die die Existenz Gottes ausschließen, lag der Prozentsatz bei 15,6, bei solchen, die die Existenz Gottes nicht ausschließen, bei 6,3 %. Die hohe Krebsgefährdung von konventionell religiösen Personen hängt damit zusammen, daß hier Verantwortung für das eigene Leben an die Institution Kirche abgegeben werden kann und Werte wie

Anpassung, Duldsamkeit und Aufopferung groß geschrieben werden.
Auslöser für den Ausbruch der Krebserkrankung sind oft Schicksalsschläge, z. B. der Tod eines geliebten Menschen, der nicht verarbeitet werden kann.
Da durch diese Studie eine Krebsgefährdung durch psychische Faktoren nachgewiesen werden kann, ergibt sich die Konsequenz, die daraus gewonnenen Erkenntnisse auch für die Krebsprophylaxe und -therapie heranzuziehen.
Für jeden Betroffenen ist es deshalb notwendig, **psychische Hilfe** zu suchen: Zum einen um seelische Zusammenhänge aufzuspüren, die zum Ausbruch der Krankheit geführt haben, diese positiv zu verändern und neue Wege zu gehen, zum anderen um mit den zusätzlichen Belastungen und Ängsten, die der Krebs auslöst, umzugehen.
Wichtig ist, daß der Krebskranke lernt sich gegenüber seiner Umwelt besser durchzusetzen, seine Bedürfnisse anzumelden und einen gesunden Egoismus zu entwickeln. Der Zugang zu den eigenen Gefühlen muß gefunden und neue Lebensenergie und Lebensziele – trotz der Krankheit – entwickelt werden. Allerdings ist es auch wichtig, sich mit dem Tod auseinanderzusetzen, ihn nicht angstvoll zu tabuisieren, sondern akzeptieren zu lernen.
Um diese Ziele zu erreichen, bieten sich verschiedene Formen der Gesprächstherapie an. Eine große Hilfe ist die Teilnahme an Selbsthilfegruppen, in denen Krebskranke zueinander Kontakt finden und gegenseitig von ihren Erfahrungen lernen können.
Eine besonders wirkungsvolle Form der therapeutischen Beeinflussung von Krebserkrankungen bietet die **Suggestivtherapie**, wie sie vor allem von Simonton praktiziert wird. Durch diese Methode sollen die Selbstheilungskräfte des Patienten mobilisiert werden. Dies geschieht, indem der

Patient sich entspannt und sich einen Kampf gegen den Krebs bildlich vorstellt. Der Krebs soll dabei bewußt als klein und schwach visualisiert werden, während Abwehrzellen als stark und angriffslustig vorgestellt werden. Durch diese Suggestion kann der Krankheitsverlauf günstig beeinflußt werden. Auch die Nebenwirkungen von Bestrahlung und Chemotherapie lassen sich dadurch reduzieren.
Auch die in der Anthroposophie verankerte **künstlerische Therapie** erstrebt eine Beeinflussung und Heilung des Krebses über eine Wiederherstellung der Einheit von Körper, Geist und Psyche. Durch Malen und Plastizieren sollen die geschwächten Formkräfte gestärkt werden. Eine besondere Form der künstlerischen Therapie ist die **Heileurhythmie**. Durch gezielte Bewegungsformen soll dabei auf die Psyche und damit auch auf die Heilungs- und Ordnungskräfte des Organismus eingewirkt werden.

Hypnose

Eine besondere Rolle innerhalb der psychischen Therapie des Krebses kommt der Hypnose zu, die besonders in den USA viel angewandt wird. Neben der eigentlichen Hypnose haben sich vor allem auch Anleitungen zur Selbsthypnose bewährt, da sie dem Krebskranken ein Gefühl von Selbstkontrolle vermitteln, das sich sehr positiv auf sein Selbstwertgefühl und seine Selbstheilungskräfte auswirkt. Besonders wirkungsvoll ist der Einsatz von Hypnose in der Schmerztherapie, wie z. B. eine amerikanische Studie an Brustkrebspatientinnen zeigt. 30 Patientinnen erhielten eine Gruppentherapie, davon 19 zusätzlich Hypnose, während eine vergleichbare Kontrollgruppe von 24 Patientinnen keine Behandlung erhielt.
Zu Beginn der Untersuchung wurden die Patientinnen aufge-

fordert, ihre Schmerzen auf einer Skala von 1-10 zu bewerten, wobei der Mittelwert bei 2.4 lag. Diese subjektive Einschätzung des Schmerzempfindens stellt die einzig mögliche Kontrolle dar.
Während die Schmerzen bei den Patienten der Kontrollgruppe im Beobachtungszeitraum von einem Jahr stark zunahmen, um 0.77 Punkte alle 100 Tage, war dies in der behandelten Gruppe nicht der Fall. Dabei war das Ergebnis der mit Hypnose behandelten Frauen mit einer Schmerzzunahme um 0.008 Punkte noch günstiger als das der Patientinnen, die nur die Gruppentherapie erhielten, mit 0.05.
Neben einer schmerzlindernden Wirkung ist möglicherweise auch eine Beeinflussung des Abwehrsystems und damit auch des Krankheitsverlaufes zu erzielen. So hat es sich gezeigt, daß unter Hypnose die Streßhormone vermindert werden. Dadurch kann es zu einem Ansteigen der T-Lymphozyten kommen, die durch Streßhormone vermindert werden.

Krebs und Lebensumstellung

Um eine ganzheitliche Therapie erfolgreich durchzuführen ist es wichtig, daß der Patient die Therapie nicht nur passiv über sich ergehen läßt, sondern selbst an seiner Heilung mitarbeitet und den Lebenswillen und die Energie aufbringt, dafür notwendige Veränderungen in seinem Leben vorzunehmen.

Zu dem, was der Patient selbst tun kann und muß, gehören vor allem eine konsequente Ernährungsumstellung und eine Aufarbeitung der psychischen Situation; Stärkung des Lebenswillens und der Selbstheilungskräfte.

Auch die Schädigung durch äußere Umwelteinflüsse muß möglichst vermieden werden. Zwar gibt es heute viele Risikofaktoren, denen man nicht ausweichen kann: Radioaktivität, Luft- und Trinkwasserverschmutzung, ein wachsendes Ozonloch, das die Hautkrebsrate steigen läßt, etc.

Umso wichtiger ist es, alles zu tun, was möglich ist, um die persönliche Schadstoffbelastung zu reduzieren, indem man z. B. das Rauchen aufgibt oder nötigenfalls den Arbeitsplatz, wenn man an diesem mit krebserregenden Substanzen umgehen muß. Eine solche Entscheidung fällt vielleicht schwer, ist aber im Hinblick auf die Konsequenz durchaus angebracht.

Probleme für Krebskranke beim Erhalt biologischer Therapie

Kostenfrage

In der Praxis kann es zu Problemen kommen, wenn Krebskranke sich für eine alternative Therapie entscheiden. Hierzu gehört insbesondere die Kostenfrage, denn nicht alle Krankenkassen sind bereit, biologische Therapien zu bezahlen. Dies wird damit begründet, diese Behandlungsformen seien wissenschaftlich unbewiesen. Offensichtlich wird mit dieser Haltung auch versucht, Einsparungen zu erzielen, obwohl die Methoden der biologischen Krebstherapie insgesamt billiger sind als die der Schulmedizin. Die Tendenz geht jedoch dahin, daß Krankenkassen immer häufiger alternative Therapien bezahlen oder bezahlen müssen; denn Gerichtsurteile der letzten Zeit bekräftigen das Recht der Patienten, die Therapie frei zu wählen. Krankenkassen wurden zur Zahlung verpflichtet mit der Begründung, auch die Methoden der Schulmedizin seien „unwissenschaftlich", wenn die Ursache einer Krankheit noch nicht endgültig erforscht sei.
So entschied das Bundessozialgericht in einem Urteil vom 4.7.88: Wenn von der Schulmedizin kein wirksames Behandlungskonzept angeboten werden kann, muß der Patient die Möglichkeit haben, sich mit Mitteln und Methoden der Naturheilkunde behandeln zu lassen, wenn diese eine Besserung versprechen, auch wenn sie noch nicht von den Wissenschaftlern anerkannt sind.
Die Zahlungsbereitschaft der einzelnen Krankenkassen ist unterschiedlich. Auch die Handhabung, was bezahlt wird und was nicht, ist widersprüchlich. So werden Mistelpräpa-

rate und Thymustherapie in der Klinik zwar bezahlt, aber die genauso wichtige ambulante Behandlung nicht.
Vor dem Aufenthalt in einer Klinik, die biologische Therapien durchführt, ist es notwendig, neben der Überweisung des behandelnden Arztes auch eine **Kostenübernahmebescheinigung** der Krankenkasse einzuholen, um die Frage der Finanzierung klarzustellen. Durch die ablehnende Haltung vieler Krankenkassen wird das Prinzip der Therapiefreiheit stark eingeschränkt. Eine Ungerechtigkeit besteht darin, daß oft nur Krebskranke, die genügend Geld haben, sich eine biologische Therapie leisten zu können.
Viele **Krebsselbsthilfegruppen** drängen darauf, diesen Zustand zu ändern, und einige Krebskranke prozessieren für die Erstattung biologischer Behandlung. Viele Krebskranke nutzen jedoch diese Möglichkeit nicht, um Ärger und Belastungen zu vermeiden. Allerdings sollte die wachsende Bereitschaft der Gerichte, das Recht der Patienten auf biologische Therapien anzuerkennen, Mut machen nötigenfalls diesen Schritt zu unternehmen.

Informationsmangel

Ein weiteres Problem ist, daß Krebskranke oft nicht wissen, wo sie eine biologische Krebstherapie erhalten können. Mit dem Verzeichnis am Ende des Buches, das Kliniken und Sanatorien enthält, die alternative Krebstherapien praktizieren, soll diesem Problem wenigstens teilweise abgeholfen werden.
Noch wichtiger als Kliniken sind in der biologischen Krebstherapie jedoch Behandler, Hausärzte und Heilpraktiker, die die langfristige ambulante Behandlung durchführen. Behandler, die sich durch Besuche von Seminaren und Kon-

gressen auf biologische Krebstherapie spezialisiert haben und über reiche Erfahrungen bei der Behandlung dieser Krankheit verfügen, dürfen dies jedoch nicht kenntlich machen und sind deshalb schwer zu finden. Diese Regelung ist sicherlich zum Nachteil der betroffenen Krebskranken.
Es gibt jedoch verschiedene Wege, an diese Informationen zu kommen. So kann man z. B. in Apotheken nachfragen, da dort oft bekannt ist, welcher Therapeut Medikamente der biologischen Krebstherapie bezieht.
Auch Selbsthilfegruppen können Adressen von Therapeuten, die mit biologischen Krebstherapien vertraut sind, vermitteln. Zudem gibt es auch Organisationen, die es sich zur Aufgabe gemacht haben, biologische Krebstherapie zu fördern und die Krebskranke dahingehend beraten. Einige dieser Organisationen habe ich im folgenden aufgelistet.

Organisationen, die Informationen über alternative Krebstherapie geben können

Organisationen zur Förderung biologischer Krebstherapie

Gesellschaft für biologische Krebsabwehr
Hauptstraße 27
6900 Heidelberg
Tel.: 06221/16 15 25

Arbeitskreis NORD
Werfelring 40
2000 Hamburg 71

Arbeitskreis SÜD
Krettenburgweg 18
8162 Schliersee 2

Arbeitskreis BERLIN
Assmannshauser Str. 23a
1000 Berlin 33

Arbeitskreis WEST
Bahnhofstraße 39
6200 Wiesbaden

Naturgemäße Krebsbehandlung e. V.
Claubergstraße 21
4100 Duisburg 1
Tel.: 0203/2 13 50

Deutsche Gesellschaft für Onkologie
Sedanstraße 21
3000 Hannover 1

Gesellschaft für angewandte Ethik und
biologische Krebsbekämpfung.
Internationale Kooperation
Postfach 15 50
7600 Offenburg

Tumorzentrum Main e. V.
Am Pulverturm 13
6500 Mainz
Tel.: 06131/17 30 01-3

Anthroposophische Gesellschaften

Gesellschaft für Tumortherapie
Paulinenallee 32
2000 Hamburg 20
Tel.: 040/43 74 20

Gesellschaft zur Förderung der Krebstherapie
Am Eichhof
7532 Niefern-Öschelbronn 2
Tel.: 07233/34 11

Gesellschaft anthroposophischer Ärzte
Trossinger Straße 53
7000 Stuttgart 75

Verein für Krebsforschung
Kirchheimer Straße 49
7000 Stuttgart 75

Verein für Krebsforschung
Kirschweg 9
CH-4144 Arlesheim

Verein für Leukämie und Krebstherapie
Hofgut Fischermühle
7463 Rosenfeld

Gesellschaften zu einzelnen Behandlungsmethoden

Internationale Gesellschaft für Thymusforschung
Postfach 116
3388 Bad Harzburg

Deutsche Gesellschaft für Zelltherapie
Niedenau 39
6000 Frankfurt am Main 1

Ärztegesellschaft für Sauerstoff-Mehrschritt-Therapie
Albert-Schweizer-Weg 6-8
3549 Volkmarsen
oder: Salinenstr. 31
6927 Bad Rappenau
Tel.: 07264/76 66

Medizinische Enzym-Forschungsgesellschaft
Alpenstraße 29
8192 Geretsried

Bundesverband Deutscher Hypnose Therapeuten e. V.
Max-Fiedler-Straße 4
4300 Essen 1
Tel.: 0201/22 83 81

Selbsthilfegruppen

Bundesverband Frauenselbsthilfe nach Krebs e. V.
L 4, 9
6800 Mannheim 1
Tel.: 0621/2 44 34

Deutsche Arbeitsgemeinschaft Selbsthilfegruppen
Friedrichstraße 28
6300 Gießen
Tel.: 0641/7 02 24 78

Deutscher Patienten-Schutzbund e. V.
Adenauerallee 94
5300 Bonn 1
Tel.: 0228/21 88 01

Allgemeine Deutsche Patienten Organisation e. V.
Hausener Weg 61
6000 Frankfurt am Main 90
Tel.: 069/78 78 10

Verzeichnis der Kliniken, die biologische Krebstherapie anwenden

Das Klinikverzeichnis ist nach Postleitzahlen geordnet, um so einen geographischen Überblick zu zeigen. Auffällig ist, daß besonders Baden-Württemberg überproportional mit Kliniken vertreten ist. Am Ende des Verzeichnisses sind zudem einige Kliniken aus dem näheren Ausland aufgeführt: Zwei aus der Schweiz und je eine aus Österreich und Dänemark. Die Angaben stammen größtenteils auf Anfrage direkt von den Kliniken.

Um die Angaben über die Kliniken übersichtlich zu machen, habe ich sie in 2 Rubriken unterteilt: „Allgemeine Information" und „Biologische Krebsbehandlung". Die Behandlungsmethoden sind in einer Reihenfolge angegeben, die der Gliederung des gesamten Buches entspricht.

Abschließend muß noch gesagt werden, daß dieses Verzeichnis natürlich nicht vollständig ist und nur einen Teil der Kliniken enthalten kann. Dies liegt zum Teil daran, daß aufgrund der Außenseiterrolle, in die die ganzheitsmedizinische Krebstherapie gedrängt wird, eine Reihe von Kliniken zwar biologische Medikamente, wie zum Beispiel Iscador anwenden, aber nicht wollen, daß dies bekannt wird.

BUNDESREPUBLIK DEUTSCHLAND

ELBEKLINIK HAMBURG
ELBCHAUSSEE 332
2000 HAMBURG 52

Biologische Krebsbehandlung:
Vitamine (A, C, B_1), Mineralien (Calcium, Zinkorotat)
Enzymtherapie (Wobemugos, Carzodelan)
Thymustherapie (Thymusgesamtextrakt)
Lokale Hyperthermie, Krebs-Mehrschritt-Therapie
Sauerstoff-Mehrschritt-Therapie

PARACELSUSKLINIK AM SILBERSEE
OELTZEWEG 24
3012 HANNOVER-LANGENHAGEN

Biologische Krebstherapie:
Ernährung
Vitamine, Mineralien u. Spurenelemente
Enzymtherapie
Thymustherapie
Phytotherapie (Mandelonitrile, Carnivora)

BERGSANATORIUM
TRIFTSTRASSE 3a
3380 GOSLAR-HAHNENKLEE

Allgemeine Information:
25 Betten
Privat und Krankenkasse (Zuschüsse)
Nur bedingt Schulmedizin

Biologische Krebsbehandlung:
Ernährung (Vollwertkost, vegetarische Kost, Spezialdiäten)
Homöopathie
Phytotherapie
Ozontherapie
Molekulartherapie
Neuraltherapie
Lichttherapie (Eichotherm)

SANATORIUM AM STADTPARK
GOSLARSCHE STRASSE 11/12
3388 BAD HARZBURG

Allgemeine Information:
30 Betten
Privat und Krankenkassen
Begleit- und Nachsorgetherapie zur schulmed. Onkologie

Biologische Krebsbehandlung:
Ernährung (Vollwertkost)
Vitamine (A, C, E), Mineralien u. Spurenelemente (Magnesium, Selen, Zink)
Enzymtherapie (Wobemugos, Wobenzym)
Misteltherapie (Helixor)
Thymustherapie (Thymusgesamtextrakt, Thymuspolypeptidfraktionen)
Biological response modifiers (Faktor AF 2)
Sauerstoff-Mehrschritt-Therapie
Sauerstoff-Ozon-Eigenblutbehandlung, H.O.T.

SONNENBERGKLINIK
HARDTSTRASSE 13
3437 BAD SODEN-ALLENDORF

Allgemeine Information:
265 Betten
Privat und Krankenkassen
Zusatztherapie zu schulmedizinischer Behandlung

Biologische Krebsbehandlung:
Ernährung (Vollwertkost, Rohkost, Vegetarische Kost)
Vitamine (A, E, D_3), Mineralien u. Spurenelemente (Magnesium, Selen, Zink)
Phytotherapie (Kräutertees, Echinacin)
Misteltherapie (Helixor, Iscador)
Zytoplasmatische Therapie (Ney tumorin, Ney thymin, Faktor AF 2)
Lichttherapie (Eichotherm)
Lymphdrainage
Bewegungstherapie (Jogging, Ergometertraining, Schwimmen Aerobik)

Psychotherapie (Gruppen- u. Einzeltherapie, Entspannungstherapie)
Künstlerische Therapie, Yoga, Fußreflexzonentherapie

REHABILITATIONSZENTRUM URBACHTAL
KLINIK DR. BARTSCH
3579 NEUKIRCHEN (ÜBER TREYSA)

Allgemeine Information:
173 Betten
Privat und Krankenkassen
Naturmedizin und Schulmedizin (Ganzheitstherapie nach Tumorerkrankungen)

Biologische Krebsbehandlung:
Ernährung (Vollwertkost, vegetarische Kost, Spezialdiäten)
Immunmodulation
Autogenes Training, Muskelentspannungstraining

SANATORIUM DR. WOLF
PRIVATKLINIK FÜR NATURHEILVERFAHREN
DR.-BORN-STRASSE
3590 BAD WILDUNGEN

Allgemeine Information:
36 Betten
Natur- und Schulmedizin
Tumornachsorge

Biologische Krebsbehandlung:
Ernährung (Vollwertkost, Spezialdiäten)
Enzymtherapie
Sauerstofftherapie (H.O.T.), Eigenblutbehandlung
Zelltherapie, Thymustherapie (THX), zytoplasmatische Therapie
Neuraltherapie Akupunktur

SANATORIUM SCHLOSS HAMBORN
4799 BORCHEN ÜBER PADERBORN

Allgemeine Information:
34 Betten
Privat und Krankenkassen, BfA
Anthroposophisch

Biologische Krebsbehandlung:
Ernährung (Vollwertkost)

Homöopathie
Misteltherapie
Bewegungstherapie
Psychotherapie (Gesprächstherapie, Lebensorientierung)
Künstlerische Therapie

WERNER ZABEL INSTITUT
PARKSTRASSE 48
4902 BAD SALZUFLEN

Allgemeine Information:
Ambulante Behandlung
Nur Naturmedizin

Biologische Krebsbehandlung:
Ernährung (Vollwertkost)
Phytotherapie, Homöopathie
Misteltherapie
Ozon/Sauerstofftherapie, Eigenblutbehandlung
Thymustherapie (THX)
Zytoplasmatische Therapie
Serumtherapie
Neuraltherapie

KNEIPP SANATORIUM VON THÜMEN
HÜLSENWEG 13
4930 DETMOLD

Allgemeine Information:
25 Betten
Privat und Krankenkassen
Nur Naturmedizin
Vor- und Nachsorge

Biologische Krebsbehandlung:
Ernährung (Vollwertkost, Heilfasten, Symbioselenkung)
Misteltherapie (Helixor, Iscador, Iscucin)
Homöopathie
Immunmodulation
Thymustherapie
Sauerstoff-Mehrschritt-Therapie
Autogenes Training, Atemgymnastik

ST. BRIGIDA KRANKENHAUS
INNERE ABTEILUNG
KAMMERBRUCHSTRASSE 8
5107 SIMMERATH 1

Allgemeine Information:
103 Betten
Privat und Krankenkassen
Natur- und Schulmedizin

Biologische Krebsbehandlung:
Ernährung (Reduktionskost)
Vitamin A
Enzymtherapie (Wobenzym)
Misteltherapie (Iscador)
Homöopathie, Homotoxikologie
Zytoplasmatische Therapie (Faktor AF 2, Ney tumorin)
Neuraltherapie

PRIVATKLINIK SCHÜRHOFF
DIERINGHAUSEN
NEUDIERINGHAUSER STRASSE 64a
5270 GUMMERSBACH 31

Allgemeine Information:
21 Betten
Privat
Nur Naturmedizin

Biologische Krebsbehandlung:
Ernährung (Vollwertkost, Spezialdiäten)
Enzymtherapie (Wobenzym, Wobemugos)
Homöopathie
Phytotherapie (Echinacea)
Misteltherapie (Iscador)
Zelltherapie, zytoplasmatische Therapie
Sauerstofftherapie
Bewegungstherapie (Gymnastik), Atemtherapie

ROBERT JANKER KLINIK
BAUMSCHULALLEE 12-14
5300 BONN

Allgemeine Information:
Natur- und Schulmedizin
Biologische Zusatztherapie neben Operation, Bestrahlung und Chemotherapie

Biologische Krebsbehandlung:
Vitamine (A, E)
Enzymtherapie
Thymustherapie

HAUS RAPHAEL
ROSENBURGWEG 22
5300 BONN

Allgemeine Information:
Anthroposophisch

Biologische Krebsbehandlung:
Ernährung (Vollwertkost)
Misteltherapie

KLINIK LAHNHÖHE
AM KURPARK 1
5420 LAHNSTEIN

Ernährung, Symbioselenkung
Enzymtherapie (Wobenzym)
Homöopathie
Misteltherapie (Iscador)
Organotherapie (Polyerga), zytoplasmatische Therapie
Akupunktur

DEUTSCHES ORDENSHOSPITAL
RÖMERSTRASSE 46
5427 BAD EMS

Allgemeine Information:
196 Betten
Privat und Krankenkassen
Natur- und Schulmedizin

Biologische Krebsbehandlung:
Ernährung (Vollwertkost, vegetarische Kost, Spezialdiäten)
Immunstimulation
Misteltherapie (Iscador)
Zelltherapie
Psychotherapie

GEMEINNÜTZIGES GEMEINSCHAFTSKRANKENHAUS
ABTEILUNG ONKOLOGIE
BECKWEG 4
5804 HERDECKE

Allgemeine Information:
105 Betten
Anthroposophisch

Biologische Krebsbehandlung:
Ernährung (Vollwertkost)
Misteltherapie (Iscador, Helixor)
Künstlerische Therapie (Eurhythmie, Musiktherapie, Malen und Plastizieren)

KURKLINIK EMMABURG
FACHKLINIK FÜR NATURGEMÄSSE GANZHEITSBEHANDLUNG
5928 BAD LAASPHE

Allgemeine Information:
160 Betten
Privat und Krankenkassen (Zuschüsse)
Natur- und Schulmedizin
Krebsnachbehandlung
Biologische Krebsbehandlung:
Ernährung (Vollwertkost, vegetarische Kost, Spezialdiäten)
Symbioselenkung (Symbioflor)
Vitamine (A, C, D, B_{15}), Mineralien (Calcium)
Enzymtherapie (Wobemugos)
Misteltherapie (Iscador, Helixor)
Mesenchymaktivierung (Elpimed)
Thymustherapie
Sauerstoff-Mehrschritt-Therapie, H.O.T.
Wärmetherapie
Lymphdrainage, manuelle Schmerztherapie

Bewegungstherapie
Psychische Betreuung (Entspannungstherapie)

KURSANATORIUM REVITA
SCHLEHENBURG 9
6148 HEPPENHEIM-KIRSCHHAUSEN

Allgemeine Information:
6 Betten
Privat und Krankenkassen (Zuschüsse)
Natur- und Schulmedizin

Biologische Krebsbehandlung:
Ernährung (Vollwertkost)
Zelltherapie, Thymustherapie
PRIVATKLINIK PROF. GALI
KLOSTERSTRASSE 179
6732 EDENKOBEN

Thymustherapie
Interferontherapie

KURHEIM AM VOGELSTOCK
PRIVATKLINIK FÜR NATURHEILWEISEN
6741 VOGELSTOCKERHOF/LANDAU

Allgemeine Information:
25 Betten
Privat und Krankenkassen (Zuschüsse)
Nur Naturmedizin

Biologische Krebsbehandlung:
Ernährung (Vollwertkost, Heilfasten)
Enzymtherapie
Phytotherapie
Homöotherapie
Ozontherapie, Eigenblutbehandlung
Hyperthermie
Elektroakupunktur, Neuraltherapie

ÄSKULAPKLINIK
KLINIK FÜR GANZHEITSMEDIZIN
SALINENSTRASSE 14
6927 BAD RAPPENAU

Allgemeine Information:
75 Betten
Privat und Krankenkassen
Natur- und Schulmedizin

Biologische Krebsbehandlung:
Bioelektronische Diagnostik nach Vincent
Ernährung (laktovegetabil, ballaststoffreich, Kräutertees)
Vitamine (A, C, E), Mineralien u. Spurenelemente (Kalium, Magnesium, Zink, Kobalt, Selen, Mangan)
Enzymtherapie
Phytotherapie (Echinacea, Thuja)
Misteltherapie
Thymustherapie
Ozontherapie
Aktive Fiebertherapie
Bewegungstherapie
Psychotherapie (Gesprächstherapie), Autogenes Training

HUFLANDKLINIK FÜR GANZHEITLICHE UND IMMUNBIOLOGISCHE THERAPIE
BISMARCKSTRASSE 16
6990 BAD MERGENTHEIM

Allgemeine Information:
29 Betten
Privat und Krankenkassen (Zuschüsse)
Natur- und Schulmedizin (konventionelle Therapie wird, wenn nötig, so schonend und individuell wie möglich eingesetzt.)
Schwerpunkt Krebstherapie

Biologische Krebsbehandlung:
Ernährung (Vollwertkost, Symbioselenkung)
Vitamin (A, C, E), Mineralien und Spurenelemente (Selen, Zink, Magnesium)
Enzymtherapie
Herdsanierung, Entgiftung

Phytotherapie
Homöopathie (Nosoden)
Mesenchymtherapie, Interferontherapie
Thymustherapie, Biological response modifiers
Ozontherapie
Aktive Fiebertherapie
Neuraltherapie, Akupunktur
Psychotherapie (Suggestivtherapie, Hypnose, Tiefenentspannung)
Autogenes Training

FILDERKLINIK
HABERSCHLEIHAIDE
7026 FILDERSTADT 4

Allgemeine Information:
216 Betten
Privat und Krankenkassen
Anthroposophisch

Biologische Krebsbehandlung:
Ernährung (Vollwertkost)
Misteltherapie (Iscador, Helixor)
Künstlerische Therapie

SANATORIUM SCHLOSS LINDACH
7070 SCHWÄBISCH GMÜND 10

Allgemeine Information:
50 Betten
Privat und Krankenkassen
Nur Naturmedizin
Krebsnachsorge

Biologische Krebsbehandlung:
Ernährung (Vollwertkost, vegetarische Kost, Spezielle Krebsdiät, Symbioselenkung), Herdsanierung
Misteltherapie
Homöopathie
Thymustherapie
Sauerstoff / Ozon-Eigenbluttherapie (H.O.T.)
Aktive Fiebertherapie
Akupunktur, Neuraltherapie
Reflexzonenmassage

PARACELSUSKRANKENHAUS
UNTERLENGENHARDT
BURGHALDENWEG 60
7263 BAD LIEBENZELL

Allgemeine Information:
Anthroposophisch

Biologische Krebsbehandlung:
Ernährung (Vollwertkost, Symbioselenkung)
Misteltherapie (Iscador)
Homöopathie
Künstlerische Therapie

SANATORIUM SONNE AM KURPARK
TURNHALLESTRASSE 63
7290 FREUDENSTADT

Allgemeine Information:
24 Betten
Privat und Krankenkassen (Zuschüsse)
Natur- und Schulmedizin
Krebsvorsorge und Nachsorge

Biologische Krebsbehandlung:
Ernährung (Vollwertkost, vegetarische Kost, Spezialdiäten)
Phytotherapie
Homöopathie
Zelltherapie, zytoplasmatische Therapie
Thymustherapie
Eigenblutbehandlung
Sauerstoff-Mehrschritt-Therapie

KLINIK ÖSCHELBRONN
AM EICHHOF
7532 NIEFERN-ÖSCHELBRONN 2

Allgemeine Information:
Anthroposophisch
Schwerpunkt Krebs

Biologische Krebsbehandlung:
Thermodiagnostik

Ernährung (Vollwertkost)
Misteltherapie
Aktive Fiebertherapie
Künstlerische Therapie (Eurhythmie, Malen, Musik)

PRIVATSANATORIUM REFUGIUM
ALTE STEIGE 50
7548 WILDBAD

Allgemeine Information:
20 Betten
Privat und Krankenkassen (Zuschüsse)
Natur- und Schulmedizin
Tumornachsorge

Biologische Krebsbehandlung:
Ernährung (Vollwertkost, vegetarische Kost, Spezialdiäten)
Misteltherapie
Homöopathie
Zelltherapie
Sauerstoff / Ozontherapie
Lichttherapie (Eichotherm)
Bewegungstherapie (Gymnastik)
Neuraltherapie, Akupunktur

WIEDEMANN PARKSANATORIUM MEERSBURG
KURALLEE
7758 MEERSBURG AM BODENSEE

Allgemeine Information:
150 Betten
Privat und Krankenkassen (Zuschüsse)
Natur- und Schulmedizin
Krebsnachsorge

Biologische Krebsbehandlung:
Ernährung (Vollwertkost, vegetarische Kost, Spezialdiäten, Symbioselenkung)
Mineralien
Phytotherapie
Homöopathie
Thymustherapie (THX)

Sauerstoff / Ozontherapie
Akupunktur, Neuraltherapie

KURKLINIK FÜR DYNAMISCHE THERAPIE
STUDENHOF
7821 DACHSBERG-URBERG

Allgemeine Information:
24-30 Betten
Privat und Krankenkassen (Zuschüsse)
Natur- und Schulmedizin
Schwerpunkt Tumortherapie
Anthroposophisch

Biologische Krebsbehandlung:
Ernährung (Vollwertkost, vegetarische Kost, Spezialdiäten)
Misteltherapie
Homöopathie
Heileurythmie

KSN – KLINIK UND SANATORIUM FÜR NATURHEILVERFAHREN
KURHAUSWEG 2
7829 FRIEDENWEILER

Biologische Krebsbehandlung:
Thermographie, immunologische Tests, Blut- u. Haaranalyse
Ernährung (Vollwertkost)
Vitamine, Mineralien u. Spurenelemente
Phytotherapie (Echinacea)
Misteltherapie
Thymustherapie, zytoplasmatische Therapie
Zytokine (Interleukine, TNF, Interferon)
Sauerstoff / Ozontherapie
Fiebertherapie, passive Hyperthermie
Akupunktur
Massage, Lymphdrainage
Psychotherapie (Gruppentherapie, Angsbewältigungsstrategien, Simontontherapie)
Autogenes Training, Bioenergetik

KURSANATORIUM RHEINGOLD
MARKGRAFENSTRASSE 3
7847 BADENWEILER

Allgemeine Information:
58 Betten
Privat und Krankenkassen (Zuschüsse)
Natur- und Schulmedizin
Tumornachbehandlung

Biologische Krebsbehandlung:
Ernährung (Vollwertkost, vegetarische Kost, Spezialdiäten)
Misteltherapie
Thymustherapie
Lymphdrainage
Autogenes Training, Atemtherapie

WAERLAND SANATORIUM
HAUS FRIEDBORN
7880 BAD SÄCKINGEN

Allgemeine Information:
44 Betten
Privat und Krankenkassen (Zuschüsse)
Natur- und Schulmedizin
Krebsnachsorge

Biologische Krebsbehandlung:
Ernährung (Laktovegetabile Kost, Fastentherapie)
Phytotherapie
Homöopathie
Sauerstoff-Mehrschritt-Therapie
Neuraltherapie
Lymphdrainage
Bewegungstherapie (Jogging, Gymnastik, Yoga)

PRIVATKLINIK FÜR BIOLOGISCHE GANZHEITSBEHANDLUNG
HENNEMATT 7
7884 RICKENBACH

Biologische Krebsbehandlung:
Ernährung
Ozontherapie, Oxyvenierung
Sauerstoff-Mehrschritt-Therapie

KREISKRANKENHAUS HEIDENHEIM
ABTEILUNG HOMÖOPATHIE
SCHLOSSHAUSSTRASSE 100
7920 HEIDENHEIM

20 Betten
Homöopathie

DEUTSCHES ZENTRUM FÜR FRISCHZELLENTHERAPIE
SANATORIUM BLOCK
LATSCHEKOPFSTRASSE 2
8172 LENGGRIES

Krebsnachbehandlung
Frischzellentherapie

VERAMEDKLINIK
HOCHRIESWEG 5
8201 NUSSDORF
und
KLINIK AM WENDELSTEIN
WAIDACHER STRASSE 9
8204 BRANNENBURG

Biologische Krebsbehandlung:
Thermographie
Ernährung
Sauerstoff / Ozontherapie
Immuntherapie
Schmerztherapie
Psychosoziale Betreuung

KLINIK FÜR NATURHEILVERFAHREN
DEUTSCHES ZENTRUM FÜR SAUERSTOFF-MEHRSCHRITT-THERAPIE (SMT)
BEETHOVENSTRASSE 11
8397 BAD FÜSSING

Allgemeine Information:
26 Betten und ambulante Behandlung
Privat
Natur- und Schulmedizin

Biologische Krebsbehandlung:
Ernährung (Vollwertkost, Fastenkuren)
Darmsanierung
Phytotherapie
Zelltherapie, Thymustherapie, Organserumtherapie
Sauerstoff / Ozontherapie, H.O.T.
Sauerstoff-Mehrschritt-Therapie
Lymphdrainage
Magnetfeldtherapie
Akupunktur, Neuraltherapie
Atemtherapie

BIO-KURKLINIK SANATORIUM SALEM-LINDENHOF
8652 STADTSTEINACH

Allgemeine Information:
18 Betten
Privat und Krankenkassen (Zuschüsse)
Nur Naturmedizin
Vor- und Nachsorge

Biologische Krebsbehandlung:
Ernährung (Vollwertkost, vegetarische Krebsdiät)
Phytotherapie
Homöopathie
Immuntherapie
Akupunktur, Neuraltherapie, Reflexzonenbehandlung
Bewegungstherapie

BIOLOGISCHES KURHEIM MERKEL
8662 HELMBRECHTS

Allgemeine Information:
21 Betten
Privat und Krankenkassen (Zuschüsse)
Natur- und Schulmedizin

Biologische Krebsbehandlung:
Thermotherapie
Ernährung (Vollwertkost, vegetarische Spezialdiäten, Heilfasten)
Homöopathie
Zelltherapie, Thymustherapie (THX)

Sauerstoff-Mehrschritt-Therapie, Eigenblutbehandlung H.O.T
Neuraltherapie

DÄNEMARK

HUMLEGARDEN
NY STRANDVEJ 11
DK- 3050 HUMLEBAEK

Biologische Krebsbehandlung:
Ernährung (Rohkost, Vegetarische Kost, Buchinger-Saftfasten, Breuss-Saftfasten)
Vitamine, Mineralien u. Spurenelemente
Misteltherapie (Iscador, Helixor)
Ozontherapie
Hyperthermie
Magnetfeldtherapie

SCHWEIZ

LUKASKLINIK
BRACHMATTSTRASSE 19
CH- 4144 ARLESHEIM

Allgemeine Information:
47 Betten
Anthroposophisch
Schwerpunkt Krebstherapie

Biologische Krebsbehandlung:
Ernährung (Vollwertkost)
Misteltherapie (Iscador)
Hyperthermie
Lymphdrainage, Reflexzonenmassage
Künstlerische Therapie (Eurhythmie, Farb-Licht-Therapie)

ITA-WEGMAN-KLINIK
PFEFFINGER WEG 1
CH- 4144 ARLESHEIM

Allgemeine Information:
55 Betten
Anthroposophisch
Biologische Krebsbehandlung:
Ernährung (Vollwertkost)
Misteltherapie (Iscador)
Hyperthermie
Künstlerische Therapie (Eurhythmie, Malen, Musik)

ÖSTERREICH

SANATORIUM DR. FELBERMAYER
A- 6793 GASCHURN/MONTAFON

Allgemeine Information:
105 Betten
Privat
Natur- und Schulmedizin
Krebsnachbehandlung

Biologische Krebsbehandlung:
Ernährung (Vollwertkost, vegetarische Kost, Spezialdiäten, Heilfasten)
Enzymtherapie (Wobemugos)
Misteltherapie (Iscador, Helixor, Isorel)
Homöopathie
Zytoplasmatische Therapie
Sauerstoff / Ozontherapie
Lymphdrainage
Neuraltherapie
Bewegungstherapie

Literaturverzeichnis

Allgemein

Aman, Wilhelm O.:
Erfolgreich gegen Krankheit und Krebs – sichere Impulse zur Heilung, Besserung, Gesunderhaltung. Heilkräfte der Natur gegen Krankheit und Krebs.
Zürich: SV International, 1983. 203 S.

Anders, Angelika:
Biologische Krebsbehandlung: Erfahrung und Forschung, Möglichkeien und Grenzen.
Stuttgart: Hippokrates, 1987. 74 S.

Beyersdorff, Dietrich:
Biologische Wege zur Krebsabwehr: Mittel und Möglichkeiten zur Vorbeugung und zur Verbesserung der Heilungschancen. 4. Aufl.
Heidelberg: Verl. für Medizin Fischer, 1987. 212 S.

Block, Siegfried:
Die große Chance: Naturheilverfahren – eine Waffe gegen den Krebs.
München: Mosaik Verl., 1982. 224 S.

Blumenschein, Willy:
Biologische Heilweisen bei Krebs: Ein Ratgeber für Betroffene.
Steyr: Ennsthalter, 1986. 111 S.

Conradt, Ingeborg:
Leitfaden zur biologischen Krebsbehandlung: Begründung für eine ergänzende Biotherapie
Heidelberg: Verl. für Medizin Fischer, 1988. 40 S.

Delius-Müller, Uta:
Krebs und Wärme / Uta Delius-Müller; Kathrin Senn.
Arlesheim: Verein für Krebsforschung, 1981. 34 S.

Dinkelaker, Helmut:
Die Mistel in der Therapie / von Helmut Dinkelaker; Karl A. Kass.
Heidelberg: Haug, 1982. 58 S.

Geiger, Herbert:
Beiträge zur Organotherapie des Krebses.
Uelzen: Med.-Lit. Verl.-Ges., 1979. 95 S.

Hanusch, Karl-Heinz:
Biologische Krebsbekämpfung: vorbeugen durch Immuntherapie.
Düsseldorf: Econ Taschenbuch Verl., 1986. 188 S.
Heede, K. O.:
Millionen könnten geheilt werden.
Verlag Mehr Wissen, 1985
Issels, Josef:
Ganzheitliches Konzept der Krebstherapie.
Essen: VGM Verl. für Ganzheitsmedizin, 1985. 60 S.
Issels, Josef:
Grundsätzliches zur internen Behandlung der Krebskrankheiten.
Heidelberg: Verl. für Medizin Fischer, 1985. 29 S.
Die Mistel in der Krebsbehandlung / hrsg. von Otto Wolff.
Frankfurt am Main: Klostermann, 1985 200 S.
Misteltherapie: Eine Antwort auf die Herausforderung Krebs. Die Pioniertat Rudolf Steiners und Ita Wegmans / hrsg. von Rita Leroi.
Stuttgart: Verl. Freies Geistesleben, 1987. 259 S.
Mohr, Klaus:
So steigern Sie Ihre Abwehrkräfte gegen Krebs: Ratgeber für Tumorkranke und Gefährdete. 2., überarb. u. erw. Aufl.
Bad Homburg (u. a.): Bircher-Benner Verl., 1986. 142 S.
Pesic̀, Milan C.:
Immuntherapie mit Thymusextract (THX). 2., überarb. Aufl.
Heidelberg: Haug, 1984. 401 S.
Rauscher, Walter:
Erfolgreiche Krebstherapie aus neuer biologischer Sicht.
München: Marczell, 1985 117 S.
Sachsse, Joachim:
Vorbeugung gegen Krebs: Durch biologische Früherkennungsmethoden. Aufspürverfahren – Therapiekontrolle – Ausschlußdiagnose. 3., überarb. Aufl.
Düsseldorf: Verl. Mehr Wissen, 1984. 107 S.
Sandberg, Elis:
THX – Leben und Kampf für eine biologische Therapie.
Bad Harzburg: Thymus Med. Fachbuch Verl., 1985. 312 S.
Schliephake, Erwin:
Krebs und natürliche Abwehrkräfte.
Heidelberg: Verl. für Medizin Fischer, 1985. 261 S.

Schuhmann, Hans:
Auf richtigen Wegen: Neue Erfahrungen in der Krebsfrüherkennung und Behandlung. Eine Zehnjahresstudie an 600 mit biologischer Kombinationstherapie behandelten Krebspatienten.
Linz (u. a.): Veritas Verl., 1984. 226 S.
Zabel, Werner:
Die interne Krebstherapie und die Ernährung des Krebskranken. 9. Aufl.
Bad Homburg (u. a.): Bircher-Benner Verl., 1982. 131 S.
Zentrum zur Dokumentation für Naturheilverfahren (ZDN):
Ein ganzheitsmedizinisches Konzept am Beispiel Krebs: Vortragsreihe des ZDN in Karlsruhe 1983.
Essen: Verl. für Ganzheitsmedizin, 1984 232 S.
Zürcher, Walter:
Alternative Heilmethoden bei Krebs.
Freiburg im Breisgau: Bauer, 1982 271 S.

Krebs und Ernährung

Aker, Saundra N:
Leitfaden zur optimalen Ernährung bei Tumorkrankheiten – insbesondere während und nach der Chemotherapie und Radiotherapie / von Saundra N. Aker; Polly Lenssen.
Stuttgart (u. a.): Schattauer, 1985. 102 S.
Günther, Winfried:
Das Buch der Vitamine.
Südergellersen: Martin, 1984. 150 S.
Köhnen, Friederun:
Kampf dem Krebs mit Diät: Medizinische Informationen und ausführlicher Rezeptteil.
Bergisch-Gladbach: Lübbe, 1978. 222 S.
Kretschmer-Dehnhardt, Liselotte:
Die Ernährung des Krebsgefährdeten und Krebskranken. 8. Aufl.
Heidelberg: Haug, 1986. 112 S.
Krug, Erich:
Die therapeutische Verwendung der Roten Bete: Eine Einführung.
Heidelberg: Haug, 1986. 42 S.

Kushi, Michio:
Die Kushi-Diät: Makrobiotik als Vorsorge.
München: Droemer Knaur, 1984. 527 S.
Landmann-Kasper, Jacomine:
Verhütung und Heilung von Krebs: Die Moerman-Therapie.
Freiburg im Breisgau: Aurum Verl., 1979. 84 S.
Mar, Lisa:
Krebshilfe durch Vollwertkost: Antwort auf 150 Fragen. Speisezettel - Diätpläne. 187 Rezepte zur Steigerung der Abwehrkräfte / von Lisa Mar; H. O. Kleine; Karl Windstosser. 3., verb. Aufl.
Weil der Stadt: Hädecke, 1985. 207 S.
Renzenbrink, Udo:
Ernährung bei Krebs: Was tun zur Vorsorge? Beiträge aus anthroposophischer Sicht.
Bad Liebenzell/Unterlegenhardt: Arbeitskreis für Ernährungsforschung, 1982. 86 S.
Rote Bete in der Zusatztherapie bei Kranken mit bösartigen Neubildungen / hrsg. von Sandor A. Ferenczi. 3., verb. Aufl.
Heidelberg: Haug, 1984. 184 S.
Scala, F. J.:
Diät gegen Krebs: Vollwertkost als Schutz- und Heilkost. Küchentechnik und Rezepte. 2. Aufl.
Wien: Sensen Verl., 1979. 102 S.
Schultz-Friese, Walter:
Rezepte für eine krebsfeindliche Vollwertkost: Mit einer ärztlichen Einführung über Krebsursachen, Krebsfrüherkennung, Krebsvorbeugung und Krebszusatzbehandlung / von Walter Schultz-Friese; Gaby Gadal. 2. Aufl.
Bad Homburg: Bircher-Benner Verl., 1976. 100 S.
Wannee-Immerzeel, Else:
Die Moerman-Krebs-Diät: Rezepte - gesund und lecker.
Freiburg im Breisgau: Aurum Verl., 1981. 87 S.

Krebs und Psyche

Beyer, Delia-Alexandra:
Psychosomatik des Krebses.
Berlin: Sozialpol. Verl. SPV, 1979. 81 S.

Gawler, Ian:
Krebs - ein Signal der Seele?: Vorbeugen und Heilen ist möglich.
München: Erd, 1985.
Grossarth-Maticek, Ronald:
Krankheit als Biographie: Ein medizinsoziologisches Modell der Entstehung und Therapie der Krebserkrankung.
Köln: Kiepenheuer & Witsch, 1979. 302 S.
Kübler-Ross, Elisabeth:
Leben bis wir Abschied nehmen.
Gütersloh: Gütersloher Verlagshaus, 1986. 174 S.
Kübler-Ross, Elisabeth:
Über den Tod und das Leben danach. 3. Aufl.
Melsbach-Neuwied: Verl. „Die Silberschnur" 89 S.
Leibold, Gerhard:
Krebsangst und Krebs behandeln.
Niedernhausen: Falken-Verl. 1986. 103 S.
Lermer, Stephan:
Krebs und Psyche: Der Einfluß der Seele auf die körperliche Gesundheit.
München: Goldmann, 1987. 279 S.
Le Shan, Lawrence:
Psychotherapie gegen den Krebs: Über die Bedeutung emotionaler Faktoren bei der Entstehung und Heilung von Krebs. 2. Aufl.
Stuttgart: Klett-Cotta, 1986. 199 S.
Reif werden zum Tode / hrsg. von Elisabeth Kübler-Ross. 5. Aufl.
Gütersloh: Gütersloher Verlagshaus, 1986.
Sattilaro, Anthony J.:
Gesundes Leben – auf natürliche Weise: Die praktischen Hinweise eines erfolgreichen Arztes nach seiner spektakulären Krebs-Heilung.
Holthausen/Münster: Verl. Mahajiva, 1987. 256 S.
Schnurre, Marina:
Ich will fliegen, leben, tanzen: 2 Frauen arbeiten mit Krebskranken / Marina Schnurre; Renate Kreibich-Fischer.
Freiburg im Breisgau (u. a.): Herder, 1987. 166 S.
Simonton, O. C.:
Wieder gesund werden: Eine Anleitung zur Aktivierung der Selbstheilungskräfte für Krebspatienten und Angehörige.
Reinbek bei Hamburg: Rowohlt, 1982. 351 S.

Tausch, Anne-Marie:
Gespräche gegen die Angst: Krankheit ein Weg zum Leben.
Reinbek bei Hamburg: Rowohlt, 1981. 284 S.
Vom Überleben zum Leben: Psychische und soziale Aspekte der Krebserkrankung / hrsg. von Erwin Ringel...
Wien: Maudrich, 1986 158 S.

Zeitschriften

SIGNAL. Hilfe zur Selbsthilfe bei Krebsgefährdung.
Heidelberg: Verlag für Medizin Fischer
1. 1986 -
Patientenzeitschrift. Psychische Hilfe, Erfahrungsberichte.
Selbsthilfegruppe. Konventionelle und biologische Therapie.
DEUTSCHE ZEITSCHRIFT FÜR ONKOLOGIE.
früherer Titel: Krebsgeschehen.
Heidelberg: Verlag für Medizin Fischer
19. 1987 -
Fachzeitschrift für biologische Krebstherapie. Ärztliche Erfahrungsberichte. Studien.
ERFAHRUNGSHEILKUNDE. EHK.
Heidelberg: Haug
1. 1952 -
Fachzeitschrift für biologische Medizin. Jährlich ca. 10 Artikel zu biologischer Krebstherapie. Schwerpunkt Organotherapie.

Verzeichnis medizinischer Fachausdrücke

1 **Placebo**
Mittel, das keine Wirkstoffe enthält, Scheinarzneimittel

2 **Antigen**
Körperfremde Substanz, die die Bildung von Antikörpern (spezifische Abwehrstoffe) im Organismus auslöst

3 **Prophylaxe**
Vorbeugende Maßnahme zur Verhütung von Krankheiten

4 **laktovegetabile Ernährung**
Vegetarische Ernährung, die durch Milchprodukte ergänzt wird.

5 **proteolytisch**
Eiweiß in Aminosäuren aufspaltend, eiweißverdauend

6 **Antimutagen**
Die Rate der genetischen Mutationen = Veränderungen des Erbguts

7 **proteolytisch**
Eiweiß in Aminsäuren aufspaltend, eiweißverdauend

8 **Enzyme**
Biologisch hochwirksame Eiweißkörper, die von lebenden Zellen gebildet werden und die Stoffechselreaktionen im Organismus steuern

9 **Fibrin**
Eiweißstoff des Blutes, der normalerweise bei der Blutgerinnung entsteht

10, 18 **Zytostatika**
Das Zellwachstum, bzw. die Zellteilung hemmende Medikamente, die während der Chemotherapie angewendet werden.
Zytostatika haben keine spezifische Wirkung, sondern schädigen generell alle Körperzellen, besonders schnellwachsendes Gewebe: Knochenmark, Schleimhäute, Haarwurzeln

11 **Nosoden**
Homöopathische Arzneimittel, die aus Produkten erkrankter Organe hergestellt (hier zerkleinertes Krebsgewebe) und in höheren Potenzen (Verdünnungen) zur Behandlung der gleichen Krankheit angewandt werden

12 **homolog**
Übereinstimmung von biologischen Organen hinsichtlich ihrer Entwicklungsgeschichte

13, 19 **Mesenchym**
Embryonales Bindegewebe, aus dem sich alle Formen des Stütz- und Bindegewebes entwickeln

14 **präkancerös**
Krankhafte Veränderungen im Gewebe, die zu Krebs führen können, aber nicht müssen

15, 20 **Rezidiv**
Ein Rezidiv liegt vor, wenn ein Tumor nach einer scheinbar erfolgreichen Behandlung wieder zu wuchern beginnt

16 **Metastasierungsprophylaxe**
Vorbeugende Maßnahme zur Verhütung von Tochtergeschwulsten

17 **Anaphylaktische Reaktion**
Schockartige, allergische Reaktion besonders gegen artfremdes Eiweiß

21 **Peroxide**
Verbindungen in denen eine Sauerstoffkette vorliegt z. B. H_2O_2 Wasserstoffperoxid H-O-O-H

23 **zytotoxisch**
zellschädigend

24 **Sarkom**
Krebsart, die sich in Bindegewebe, Muskeln, Knochen oder Knorpel bildet.

25 **Lymphom**
Krebs des Lymphsystems

26 **Metastasen**
Tochtergeschwulst; Absiedlung von Krebszellen der Erstgeschwulst in anderen Körperregionen über Blut und Lymphbahnen

Keine Fußnoten im Text:

Antioxidantien
Stoffe, die Oxydationen verhindern oder verlangsamen sollen. Deshalb werden Vitamin C + E bei der Lebensmittelkonservierung eingesetzt

Biological Response Modifiers
Substanzen, natürlichen oder chemischen Ursprungs, die in der Lage sind, das Abwehrsystem zu einer Immunantwort zu bewegen.

AU-BACKE VERLAG VÖLKNER & WEIDEMANN

FASTEN – eine Einführung

Sinn und Zweck des Fastens. Was geschieht während des Fastens, Vorbereitungen. Fastenpraxis. Fasten mit Säften, Tee oder Wasser. Wie lange, Fastenbrechen, Fasten und Krankheit, ein Fastenprotokoll. Ernährungshinweise.
24 Seiten, Format DIN A5, DM 3,–

ISBN 3-923618-03-4

Fasten: eine Reise zu sich selbst!